LICITAÇÃO DE REGISTRO DE PREÇOS

Comentários ao Decreto nº 7.892,
de 23 de janeiro de 2013,
alterado pelo Decreto nº 8.250,
de 23 de maio de 2014

SIDNEY BITTENCOURT

Prefácio
Ivan Barbosa Rigolin

LICITAÇÃO DE REGISTRO DE PREÇOS

Comentários ao Decreto nº 7.892, de 23 de janeiro de 2013, alterado pelo Decreto nº 8.250, de 23 de maio de 2014

4ª edição revista, atualizada e ampliada

Belo Horizonte

Editora Fórum

2015

EDITORA Fórum

Luís Cláudio Rodrigues Ferreira
Presidente e Editor

Supervisão editorial: Leonardo Eustáquio Siqueira Araújo
Revisão: Leonardo Eustáquio Siqueira Araújo
Capa, projeto gráfico e diagramação: Walter Santos

Av. Afonso Pena, 2770 – 16º andar – Funcionários – CEP 30130-007
Belo Horizonte – Minas Gerais – Tel.: (31) 2121.4900 / 2121.4949
www.editoraforum.com.br – editoraforum@editoraforum.com.br

B624l Bittencourt, Sidney

Licitação de registro de preços: comentários ao Decreto nº 7.892, de 23 de janeiro de 2013, alterado pelo Decreto nº 8.250, de 23 de maio de 2014 / Sidney Bittencourt; prefácio Ivan Barbosa Rigolin. – 4. ed. rev. atual. e ampl. – Belo Horizonte: Fórum, 2015.

180 p.
ISBN 978-85-450-0019-8

1. Tomada de preço. 2. Preço - registro - Brasil. 3. Brasil. [Decreto nº 7.892, de 23 de janeiro de 2013 alterado pelo Decreto nº 8.250, de 23 de maio de 2014]. 4. Licitação - Brasil. 5. Brasil. [Lei de licitação (1993)]. I. Rigolin, Ivan Barbosa. II. Título.

CDD: 341.3527
CDU: 351.712(094.4)

Informação bibliográfica deste livro, conforme a NBR 6023:2002 da Associação Brasileira de Normas Técnicas (ABNT):

BITTENCOURT, Sidney. *Licitação de registro de preços*: comentários ao Decreto nº 7.892, de 23 de janeiro de 2013, alterado pelo Decreto nº 8.250, de 23 de maio de 2014. 4. ed. rev. atual. e ampl. Belo Horizonte: Fórum, 2015. 180 p. ISBN 978-85-450-0019-8.

Este trabalho é dedicado aos juristas Eliana Goulart Leão, Benedicto de Tolosa Filho e Jorge Ulisses Jacoby Fernandes, maiores entusiastas desse fantástico sistema de registro de preços.

Não é o mais forte da espécie que sobrevive, nem o mais inteligente; é o que melhor se adapta à mudança.

(Charles Darwin)

SUMÁRIO

Parece inexistir na literatura jurídica brasileira outro autor dotado da mesma incansável disposição — quase volúpia — de oferecer ao mercado um sem-número de novas obras, tantas quantas possa, sobre o tema das licitações, percorrendo-lhe de alfa a ômega os inúmeros escaninhos e as particularidades subtemáticas, como Sidney Bittencourt.

Este novo trabalho com que nos brinda versa sobre assunto pouco exercitado, em monografias, dentro do grande panorama das licitações, o *registro de preços*, importante espécie de concorrência (sem falar do *pregão*, o qual também, muito recentemente, passou a poder utilizar o registro de preços) que tanto facilita a lida diária do comprador na Administração Pública, pois que reúne em um só procedimento — fazendo sofrer uma só vez... — os mais diversos itens de compras, e mesmo de serviços, que podem ser inúmeros, ocasionalmente de centenas, dos quais diariamente necessita o poder público para prestar seus serviços à população, como também às suas estruturas internas. Esta grande ideia do conceptor das licitações é, além de pouco comentada na doutrina, curiosamente, também pouco exercitada na prática diária da Administração, o que custa compreender. Este novo livro contribuirá, entretanto, para a propagação, mais que desejável, do registro de preços, onde já deveria ser a primeira regra.

A acuidade analítica do autor, sempre por nós apregoada, aliada à cultura indisfarçável que detém, e ao agudo senso de utilidade que o diferencia de tantos outros especialistas, faz de suas obras um roteiro seguro e aprazível mesmo ao melhor profissional das licitações, e quanto a isso esta obra não é diferente das anteriores. Mas não será apenas o operador das licitações o beneficiário desta minuciosa resenha, pois que o será também o estudioso, o sistematizador da matéria, o jurista, o fornecedor da Administração, o advogado a serviço de qualquer das partes, o diletante da matéria, ainda que não diretamente envolvido.

Não seja este o derradeiro empreendimento editorial de Sidney Bittencourt nem sequer nesta especialidade dentro da especialidade, que aqui mereceu seu exitoso esforço, porque o direito brasileiro, e o administrativo em particular, ainda dele anseiam a sequência natural, muito longe de se esgotar, de seus admiráveis trabalhos.

Ivan Barbosa Rigolin
Advogado.

REGISTRANDO PREÇOS NAS LICITAÇÕES PÚBLICAS

O inc. II do art. 15 da Lei nº 8.666, de 21 de junho de 1993,[1] o chamado Estatuto Jurídico das Licitações brasileiro, prescreve que as compras, sempre que possível, deverão ser processadas através de Sistema de Registro de Preços. Os parágrafos 1º a 6º do mesmo dispositivo dispõem sobre a organização desse sistema.

Em função dessas regras organizacionais circunscreverem procedimentos operacionais, alguns intérpretes têm entendido que não estão revestidas de caráter geral, uma vez que o art. 115 da mesma lei autoriza a expedição, por parte dos órgãos da Administração, de normas relativas aos procedimentos operacionais a serem observados na execução das licitações, no âmbito de suas competências, observadas as disposições do mesmo diploma.

Não assentimos, *data venia*, com essa análise. A edição de regras operacionais não determina que exista permissão legal para a criação de ritos e regras procedimentais, inovando-se, inclusive, juridicamente. Na verdade, o que a lei autoriza é a possibilidade de elaboração, por parte dos diversos órgãos,

[1] Publicada no *Diário Oficial da União* (*DOU*), 22 jun. 1993, e republicada, com acertos, no *DOU*, 06 jul. 1994.

de manuais próprios, voltados para as necessidades operacionais de cada um, notadamente as burocráticas, além da feitura de modelos de toda ordem. Com mesmo entendimento, Marçal Justen, sustentando que a edição de regras acerca de procedimentos operacionais não significa inovação da ordem jurídica. "Não se admite introduzir outros requisitos além dos permitidos na lei".[2]

Esse sistema — que a ilustre professora paulistana Eliana Goulart Leão, em função de sua enorme importância, classifica como "uma revolução nas licitações públicas",[3] defendido em verso e prosa pelo saudoso Hely Lopes Meirelles e pelos brilhantes administrativistas Benedicto de Tolosa Filho,[4] João Carlos Mariense Escobar,[5] Jorge Ulisses Jacoby Fernandes,[6] Flavia Daniel Vianna,[7] entre outros — paira no ar sem que os agentes públicos, na sua maioria, saibam sequer da sua existência.

Apesar da flagrante vantagem que sua adoção acarreta, porquanto determina procedimento célere, econômico e bastante simplificado, constatamos, com perplexidade, que até mesmo aqueles que dele utilizam não sabem, ao certo, o que na verdade ele é.

Seria uma modalidade extra de licitação?

Seria um tipo licitatório?

Seria um mero procedimento?

Até bem pouco tempo (e isso asseverávamos na 1ª edição deste livro), poucos agentes públicos, por mais devotados

---

2 JUSTEN FILHO. *Comentários à lei de licitações e contratos administrativos*: com comentários à MP nº 2.026, que disciplina o pregão, p. 666.

3 LEÃO. *O sistema de registro de preços*: uma revolução nas licitações.

4 TOLOSA FILHO; PAYÁ. *Entendendo, implantando e mantendo o sistema de registro de preços*.

5 ESCOBAR. *O sistema de registro de preços nas compras públicas*: teoria e prática.

6 JACOBY FERNANDES. *Compras pelo sistema de registro de preços*: métodos para definir qualidade e quantidade de acordo com a Lei nº 8.666/93: manual prático para implantação com todas as etapas detalhadas de acordo com o Decreto nº 2.743/98.

7 VIANNA. *Ferramenta contra o fracionamento ilegal de despesa*: a união dos sistemas de registro preços e a modalidade pregão.

que fossem, conseguiam responder a essas perguntas — ao menos era isso que verificávamos nos eventos dos quais participávamos.

Sem dúvida, essa excelente ferramenta era praticamente desconhecida por parte da Administração como um todo — e, em função disso, raramente adotada —, com exceção de alguns entes federativos.

O tema, inclusive, despertava pouco interesse quando levado a cabo em cursos, palestras, seminários e congressos, desinteresse esse que, certamente, possuía conexão direta com a falta de conhecimento.

Entrementes, transcorridos três/quatro anos da dita 1ª edição, notamos, com enorme satisfação, o crescente conhecimento da sistemática de registro de preços por parte de agentes públicos, bem como uma acentuada adoção efetiva.

Agora, com o passar de mais alguns anos, verificamos, com alegria, certa regularidade na adoção regular da ótima sistemática.

Por outro lado, vemos com dissabor as reiteradas tentativas de utilização do instrumento de modo escuso e/ou irresponsável, notadamente quanto ao uso do permissivo de utilização de Atas de Registro de Preços por órgãos não participantes da competição (os chamados "caronas"), o que motivou que o Tribunal de Contas da União (TCU) determinasse ao Poder Executivo a imediata revisão do diploma regulamentar nesse aspecto, objetivando estabelecer limites para a adesão a registros de preços realizados por outros órgãos e entidades, preservando-se, dessa forma, os princípios da competição, da igualdade de condições entre os licitantes e da busca da maior vantagem para o Poder Público, considerando que as regras vigentes permitem, às claras, a indesejável situação de adesão ilimitada a atas em vigor, desvirtuando as finalidades buscadas pela sistemática.

Finalmente, atendendo às observações da Corte de Contas, o governo federal editou novo Decreto Regulamentar (de nº 7.892/2013), no qual fixou um limite a esse malsinado uso, estabelecendo que o instrumento convocatório da licitação deverá prever que o quantitativo decorrente das adesões à ata de registro de preços não poderá exceder, na totalidade, ao quíntuplo do quantitativo de cada item registrado para o órgão gerenciador e os órgãos participantes, independentemente do número de órgãos não participantes que aderirem à respectiva ata.

Com a aplicação diuturna do decreto, verificou-se a necessidade de alguns acertos de rotas, diante da dificuldade prática encontrada pelos utilizadores. Nesse contexto, foi editado o Decreto nº 8.250, de 23 de maio de 2014, que revogou um dispositivo e inseriu novos preceptivos no referido diploma.

O SISTEMA DE REGISTRO DE PREÇOS

Mas o que viria a ser esse fantástico sistema?

Preliminarmente, há de se entender de vez que o Sistema de Registro de Preços (conhecido pela sigla SRP, a qual passaremos a adotar daqui por diante) não se perfila no rol de modalidades de licitação,[8] tampouco circunscreve um tipo licitatório.[9]

---

[8] As modalidades, conforme estabelece o art. 22 da Lei nº 8.666/93, são: concorrência, tomada de preços, convite, concurso e leilão, além do pregão (modalidade criada por medida provisória, depois instituída definitivamente pela Lei nº 10.520/02). Registre-se que, no ordenamento jurídico brasileiro, há ainda leis específicas que tratam das licitações para contratações por parte das Agências Reguladoras (nºs 9.472/97 e 9.986/2000). Tais diplomas legais estabeleceram nova modalidade licitatória, denominada "consulta", contrariando, a nosso ver, a competência dada ao legislador federal pelo inciso XXVII do art. 22 da Constituição Federal. Anote-se, também, a Lei nº 12.188/2010, voltada para a seleção de entidades executoras do Programa Nacional de Assistência Técnica e Extensão Rural na Agricultura Familiar e na Reforma Agrária (PRONATER), que criou a modalidade licitatória denominada "chamada pública". Por fim, consigne-se a criação, por intermédio da Lei nº 12.462/2011, de um regime diferenciado de contratação (RDC), inicialmente aplicável às licitações relacionadas com os Jogos Olímpicos e Paraolímpicos de 2016; a Copa das Confederações da Federação Internacional de Futebol Associação (FIFA) 2013 e da Copa do Mundo FIFA 2014; e obras de infraestrutura e de contratação de serviços para os aeroportos das capitais dos Estados da Federação distantes até 350 km (trezentos e cinquenta quilômetros) das cidades sedes dos mundiais mencionados, mas já estendido para as ações integrantes do Programa de Aceleração do Crescimento (PAC), através da Lei nº 12.688/2012, as obras e serviços de engenharia no âmbito dos sistemas públicos de ensino (Lei nº 12.722/2012) e às obras e serviços de engenharia no âmbito do Sistema Único de Saúde (SUS) (Lei nº 12.745/2012), que já vem sendo tratada por alguns como uma nova espécie de modalidade licitatória, dada a inexistência de indicação de modalidade no diploma.

[9] Os tipos licitatórios são: menor preço, melhor técnica, técnica e preço e maior lance ou oferta (§1º do art. 45 da Lei nº 8.666/93). Anote-se que a Lei nº 12.462/2011, que

O SRP deve ser encarado como uma ferramenta de auxílio que se consubstancia num procedimento especial a ser adotado nas compras do Poder Público quando os objetos forem materiais, produtos ou gêneros de consumo frequente, e, ainda, em situações especialíssimas, nas contratações de serviços.

Trata-se de uma solução inteligente de planejamento e organização na logística de aquisição de bens e serviços no setor público, pois, entre outros benefícios, reduz significativamente os custos de estoques.

Com o sistema tem-se um estoque virtual, sem a necessidade dos gastos com armazenagem.

O SRP baseia-se no conceito do sistema de administração da logística de produção adotado no âmbito privado denominado *Just in time*, que se orienta apoiado na ideia de que nada deve ser produzido, transportado ou comprado antes do momento exato da necessidade.[10] Assim, os bens ou serviços

estabeleceu um regime diferenciado de contratação (RDC) aplicável às licitações relacionadas com os Jogos Olímpicos e Paraolímpicos de 2016; a Copa das Confederações da Federação Internacional de Futebol Associação (FIFA) 2013 e da Copa do Mundo FIFA 2014, dispôs que, para seus certames, são tipos (critérios) de licitação: menor preço ou maior desconto; técnica e preço; melhor técnica ou conteúdo artístico; maior oferta de preço; e maior retorno econômico (art. 18).

10 O *Just in Time* surgiu no Japão, no princípio dos anos 50, sendo o seu desenvolvimento creditado à Toyota Motor Company, a qual procurava um sistema de gestão que pudesse coordenar a produção com a procura específica de diferentes modelos de veículos com o mínimo atraso. Quando a Toyota decidiu entrar em pleno fabrico de carros, depois da Segunda Guerra Mundial, com pouca variedade de modelos de veículos, era necessária bastante flexibilidade para fabricar pequenos lotes com níveis de qualidade comparáveis aos conseguidos pelos fabricantes norte-americanos. Esta filosofia de produzir apenas o que o mercado solicitava passou a ser adaptada pelos restantes fabricantes japoneses e, a partir dos anos 70, os veículos por eles produzidos assumiram uma posição bastante competitiva. Desta forma, o *Just in Time* tornou-se muito mais que uma técnica de gestão da produção, sendo considerado como uma completa filosofia, a qual inclui aspectos de gestão de materiais, gestão da qualidade, organização física dos meios produtivos, engenharia de produto, organização do trabalho e gestão de recursos humanos. O sistema característico do *Just in Time* de "puxar" a produção a partir da procura, produzindo em cada momento somente os produtos necessários, nas quantidades necessárias e no momento necessário, ficou conhecido como o método Kanban. Este nome é dado aos "cartões" utilizados para autorizar a produção e a movimentação de materiais, ao longo do processo produtivo (DENES. *O que é Just in Time?* Modelo de gestão adotado pelo Japão faz sucesso em todo o mundo).

necessários ao processo de produção somente são adquiridos no momento de sua necessidade para a aplicação.

Nesse passo, diversamente do procedimento adotado nas licitações convencionais, onde os licitantes apresentam propostas específicas visando a um objeto unitário e perfeitamente definido, no SRP — que obrigatoriamente é levado a efeito por intermédio de concorrência (art. 15, §3º, inc. I da Lei nº 8.666/93) ou de pregão (art. 11 da Lei nº 10.520/02)[11] — ocorrem proposições de preços unitários que vigorarão por um certo lapso de tempo, período em que a Administração, baseada em conveniência e oportunidade, poderá realizar as contratações necessárias, sempre com a preocupação de verificar a compatibilização dos preços registrados com os praticados no mercado no momento do interesse.

A adoção do SRP determina flagrante economia, além de ganho em agilidade e segurança, com pleno atendimento ao princípio da eficiência, elevado a princípio constitucional da Administração Pública.[12]

---

[11] Conforme registra o art. 7º do Decreto nº 7.892/13: "Art. 7º A licitação para registro de preços será realizada na modalidade de concorrência, [...] nos termos da Lei nº 8.666, de 1993, ou na modalidade de pregão, nos termos da Lei nº 10.520, de 2002, e será precedida de ampla pesquisa de mercado".

[12] Ressalta-se que a introdução da eficiência no rol dos princípios constitucionais aplicáveis à Administração — alinhando-se ao lado da legalidade, impessoalidade, moralidade e publicidade — implicou, como bem obtemperou Ricardo Salomão, um novo cenário para os gestores da coisa pública, porquanto passou a ser impossível a utilização da lei como biombo, atrás do qual muitos administradores ocultavam-se, temendo as consequências que decisões ágeis, lógicas e ousadas pudessem trazer para suas pessoas e carreiras: "Assim, o atraso na implementação de projetos que deveriam, o mais breve possível, iniciar seus ciclos de retorno do investimento feito, passaram a ser justificados com fundamento 'nos prazos da lei, nos recursos interpostos etc.' e a baixa qualidade obtida como uma decorrência da 'licitação por menor preço', fortemente induzida pela lei. Agora, o administrador público pode sair de trás do biombo e, com base no princípio da eficiência e cuidando apenas de manter a rastreabilidade de suas decisões, para fins de permitir o controle externo, desafiar eventuais tentativas de aplicações de sanções. Trata-se de uma saudável mudança na forma de se ver a gestão da coisa pública, equiparando-a, de certa forma, ao exercício de atividades empresariais. Se admitirmos uma interpretação ousada para a nova redação do referido dispositivo constitucional — e o elemento histórico fundamenta esta 'ousadia' —, a partir de agora, no exercício de suas funções, deve o administrador, naturalmente, seguir observando os princípios constitucionais aplicáveis à administração pública, com destaque para o recém-introduzido

É importante repisar que a adoção do SRP está intimamente atrelada a aquisições frequentes, isto é, contratações constantes do mesmo objeto (bens ou serviços) em espaços de tempo curtos.

Algumas definições de renomados especialistas lançam luz na busca do melhor entendimento:

> Registro de preços é o sistema de compras pelo qual os interessados em fornecer materiais, equipamentos ou gêneros ao Poder Público concordam em manter os valores registrados no órgão competente, corrigidos ou não, por um determinado período e a fornecer as quantidades solicitadas pela Administração no prazo previamente estabelecido. (Hely Lopes Meirelles)[13]
>
> O Sistema de Registro de Preços consiste num procedimento especial de licitação e contratação, a ser adotado para compras cujos objetos sejam materiais, produtos ou gêneros de consumo freqüente pelo Poder Público. (Eliana Goulart Leão)[14]
>
> Registro de preços é o sistema pelo qual, mediante licitação, seleciona-se proposta de preços unitários a serem utilizados pela Administração em contratos futuros destinados à aquisição de bens ou contratação de serviços, de consumo e uso freqüentes. (João Carlos Mariense Escobar)[15]
>
> O Registro de Preços pode ser considerado como um sistema de aquisição de bens móveis, ou como [...] procedimento administrativo para compra de bens pela Administração. (Benedicto de Tolosa Filho e Renata Fernandes Tolosa Payá)[16]
>
> Sistema de Registro de Preços é um procedimento especial de licitação, que se efetiva por meio de uma licitação *sui generis*, selecionando a proposta mais vantajosa, com observância do princípio da isonomia, para futura contratação pela Administração. (Jorge Ulisses Jacoby Fernandes)[17]

---

princípio da eficiência, manter rastreáveis os procedimentos decisórios para permitir a atuação do controle externo, e sua gestão será avaliada a partir dos resultados de seu 'negócio', que refletirão seu desempenho como gerente" (SALOMÃO. Emenda Constitucional nº 19/98. *Jornal do Commercio*).

13 MEIRELLES. *Licitação e contrato administrativo*, p. 68.

14 LEÃO. *O sistema de registro de preços*: uma revolução nas licitações, p. 17.

15 ESCOBAR. *O sistema de registro de preços nas compras públicas*: teoria e prática, p. 21.

16 TOLOSA FILHO; PAYÁ. *Entendendo, implantando e mantendo o sistema de registro de preços*, p. 11.

17 JACOBY FERNANDES. *Compras pelo sistema de registro de preços*: métodos para definir qualidade e quantidade de acordo com a Lei nº 8.666/93: manual prático para implantação com todas as etapas detalhadas de acordo com o Decreto nº 2.743/98, p. 23.

> Registro de Preços significa a licitação não para compras imediatas, mas para eleição de cotações vencedoras, que, ao longo do prazo máximo de validade do certame podem ensejar, ou não, contratos de compra. (Ivan Barbosa Rigolin e Marco Tullio Bottino)[18]
>
> O Registro de Preços constitui-se num meio operacional para a realização de compras de materiais, gêneros e equipamentos de uso comum, o qual se concretiza mediante prévio certame licitatório, visando obter os melhores preços e condições para a Administração. (Antonio Roque Citadini)[19]
>
> Registro de preços é o sistema de compras segundo o qual a Administração convoca os interessados em lhe fornecer materiais, equipamentos e gêneros, os quais, selecionados mediante licitação, obrigam-se a entregar-lhe, quando solicitado, os bens pelo preço classificado, atualizado ou não, nas quantidades pedidas, durante o prazo de validade do registro. (Roberto Ribeiro Bazilli e Sandra Julien Miranda)[20]

Em face dos semelhantes conceitos, pode-se concluir, em síntese, que o SRP destina-se às licitações para as compras e contratos frequentes da Administração Pública, o que, inquestionavelmente, agiliza e simplifica, afastando entraves burocráticos que ocorrem nas licitações comuns.[21] Além disso, também é uma ótima ferramenta nas compras de demandas incertas ou de difícil mensuração.[22]

O sistema é, à primeira vista, de difícil compreensão, com nuanças que aparentemente são intrincadas, sendo tal

---

[18] RIGOLIN; BOTTINO. *Manual prático das licitações*: lei nº 8.666/93, p. 227.

[19] CITADINI. *Comentários e jurisprudência sobre a Lei de licitações públicas*, p. 89.

[20] BAZILLI; MIRANDA. *Licitação à luz do Direito Positivo*: atualizado conforme a Emenda Constitucional 19, de 4.6.1998, e a Lei nº 9.648, de 27.5.1998, p. 99.

[21] Conforme expusemos ao prefaciar o *Entendendo, implantando e mantendo o sistema de registro de preços*, de Benedicto de Tolosa Filho e Renata Fernandes Tolosa Payá.

[22] Podendo também pode ser utilizado para objetos que dependam de outras variáveis inibidoras do uso da licitação convencional, tal como ocorre com um Município que aguarda recursos de convênios — muitas vezes transferidos em final de exercício com prazo restrito para a aplicação; liberados os recursos, se o objeto já houver sido licitado pelo SRP, caberá apenas expedir a nota de empenho para consumar a contratação (esse também é o entendimento de Jorge Ulisses Jacoby Fernandes, tendo o TCU deliberado nesse diapasão, consoante decisão da Primeira Câmara, no Acórdão nº 3.146/2004).

fato, entretanto, também reflexo, sem a menor dúvida, da falta de contato mais íntimo entre ele e os administradores públicos, de vez que, na prática, configura-se num mecanismo extremamente fácil.

Um ponto importante a ser considerado, conforme também vislumbrou Eliana Goulart Leão,[23] é o favorecimento que ele oferece aos fornecedores — colaboradores que são da Administração Pública —, porquanto assegura uma oportunidade de venda muito maior do que a propiciada pelas licitações comuns, além da simplificação das providências necessárias quando de cada entrega de material, produto ou gênero, dispensando a adoção de medidas burocráticas impostas em outros certames.

Participar apenas uma vez de uma licitação e, com isso, fornecer o objeto ao Poder Público durante o período de um ano é altamente vantajoso para as empresas, desde que, evidentemente, tenham bastante cuidado no cálculo de seus preços.

De capital significância é atentar que a adoção do SRP não se enquadra no elenco de atos discricionários do administrador público, ou seja, o agente público não está autorizado a optar por sua utilização ou não, porquanto, conforme se avista nos mandamentos sobre a matéria na Lei nº 8.666/93, a utilização para compras públicas, no âmbito federal, é, em princípio, obrigatória, só podendo ser descartada quando há comprovadamente inviabilidade. Sobre a obrigação, leciona Escobar: "Somente quando inviável a sua prática, quando não for possível implementá-lo é que a Administração federal estará dispensada de utilizar o mecanismo".[24] Esse entendimento deflui, com clareza, da expressão "sempre que possível" disposta no *caput* do art. 15 da Lei nº 8.666/93.[25] Da mesma

---

[23] Na 1ª edição de sua obra *O sistema de registro de preços*: uma revolução nas licitações, p. 21.

[24] ESCOBAR. *O sistema de registro de preços nas compras públicas*: teoria e prática, p. 26.

[25] Prescreve o dispositivo: "Art. 15. As compras, sempre que possível, deverão: [...] II – ser processadas através de sistema de registro de preços".

forma, Tolosa e Payá: "Ao estatuir que as compras 'sempre que possível, deverão' o legislador determinou o seu cumprimento como regra, e, em casos excepcionais, a adoção de outras formas legalmente estabelecidas, mediante justificativa a ser inserta no processo administrativo correspondente. Dessa forma, é inconteste que o sistema de registro de preços deve ser o procedimento de uso regular, e quando, por conveniência administrativa, efetivamente demonstrada, não for possível tecnicamente a sua utilização, ser outra a fórmula, justificada pela Administração".[26] Também já registramos dessa forma: "Sendo comprovadamente viável, há obrigatoriedade da sistemática nas compras".[27]

Infelizmente, apesar dessa potestativa regra, e mais, do enorme benefício auferido, as aquisições sem a adoção do SRP tornaram-se constantes, com a inadmissível complacência dos órgãos de controle, por razões que não se encontra explicação.

Acertadamente, ponderou Vanice Lírio do Valle, exortando a sua franca adoção:

> O desafio precisa ser enfrentado. Não há sentido em grandes organizações, verdadeiras Prefeituras-Estado perderem tanto tempo, esforço e energia em aquisições ordinárias de material de consumo. Em tempos de capital intelectual, do conhecimento como elemento valorizador das corporações, é preciso liberar-se a inteligência dos agentes públicos para tarefas mais sensíveis para a Administração — que não o infindável julgar de planilhas de preços de papéis e clipes.[28]

No âmbito das licitações há um propalado comentário que dá ao Estatuto (Lei nº 8.666/93) a pecha de grande vilão das contratações públicas, de vez que, pelo que se fala, seus

---

[26] TOLOSA FILHO; PAYÁ. *Entendendo, implantando e mantendo o sistema de registro de preços*, p. 12.

[27] Cf. BITTENCOURT. *Licitação passo a passo*: comentários a todos os artigos da Lei nº 8.666/93, com as alterações estabelecidas pelas Leis n. 8.883/94, 9.032/95, 9.648/98 e 9.854/99, p. 56.

[28] VALLE. Sistema de registro de preços: algumas considerações práticas. *In*: BITTENCOURT (Org.). *Temas controvertidos sobre licitações e contratos administrativos*, p. 113.

termos, de má técnica, obrigariam a compra de produtos de baixa qualidade, em função de a regra geral determinar a aquisição pelo menor preço. Por via de consequência, haveria um agravamento nessa situação com a adoção do SRP, em face de se tratar de uma forma especial de licitação objetivando adquirir/contratar produtos e serviços corriqueiros. Ressalta-se, todavia, que essa reiterada máxima não passa — ao menos nesse aspecto — de um enorme equívoco, considerando, principalmente, três fatores importantes, como bem delineou Jorge Ulisses Jacoby: "a ausência de treinamento dos servidores responsáveis pela aplicação das normas; a não compreensão, por parte dos aplicadores, das decisões das cortes de contas e dos demais órgãos de controle, em face de tais decisões, por diversos fatores, não alcançarem o caráter pedagógico pretendido; e da fugidia ideia de que comprar pelo menor preço é comprar qualquer coisa, aceitar qualquer produto, uma vez que vários dispositivos da Lei nº 8.666/93 apontam linhas de ação da atuação do agente público que permitem a indicação da qualidade do produto". Mantendo-se sob a ótica de Jacoby, sobre esse último fator, bem listou o jurista os dispositivos da lei que claramente demonstram que a norma produz suficiente regramento para afastar-se a Administração das contratações de má qualidade:[29]

- no caso de serviços, a qualidade pode ser licitamente indicada no projeto básico, ao definir, com precisão, o objeto pretendido pela Administração, desde que justificada à luz do interesse público. O conceito de projeto básico está no art. 6º, inc. IX; a obrigatoriedade de sua elaboração antes da licitação é exigida no art. 7º, §2º, I; a obrigatoriedade de publicar o projeto básico junto com o edital está no art. 40, §2º, I, todos dispositivos da Lei nº 8.666/93;

[29] JACOBY FERNANDES. Garantindo a qualidade no sistema de registro de preços. *Informativo de Licitações e Contratos – ILC.*

- a qualidade do trabalho executado deve ser aferida em cada etapa, como providência indispensável ao início da etapa seguinte, nos termos do art. 7º, §1º, da Lei nº 8.666/93;
- a qualidade do produto, a indicação de marcas ou características exclusivas ou sem similaridade é expressamente admitida, quando for tecnicamente justificável, por exceção à regra geral, conforme art. 7º, §5º, da Lei nº 8.666/93;
- a qualidade é um dos requisitos na elaboração de projetos, expressamente traduzida em durabilidade, facilidade na execução, conservação e operação, funcionalidade, adequação ao interesse público e segurança, nos termos do art. 12, incisos I, II e V, da Lei nº 8.666/93;
- a qualidade na fiscalização, supervisão ou gerenciamento de obras e serviços foi objeto de preocupações do legislador quando autorizou a realização de concurso para assistência do executor do contrato, conforme art. 13, inc. IV, c/c 67, da Lei nº 8.666/93;
- a qualidade de uma compra é garantida quando o legislador exige "a adequada caracterização do objeto", na dicção do art. 14 da Lei nº 8.666/93;
- a qualidade foi traduzida pelas expressões "compatibilidade de especificação técnica e de desempenho", estabelecida no art. 15, inc. I, da Lei nº 8.666/93;
- a qualidade é assegurada quando o legislador exige "a especificação completa do bem", no art. 15, §7º, inc. I, da Lei nº 8.666/93;
- a manutenção da qualidade foi objeto de expressa disposição, quando foi determinado que se observassem as condições de guarda e armazenamento que não permitissem a deterioração do material, na redação do art. 15, §7º, inc. III, da Lei nº 8.666/93;
- a qualidade dos bens adquiridos foi objeto de preocupação, no momento do recebimento, quando o legislador

instituiu a comissão de recebimento nos termos do art. 15, §8º, da Lei nº 8.666/93;

- a qualidade foi assegurada também quando se permite exigir do licitante a qualificação técnica para a execução do objeto, no art. 30 da Lei nº 8.666/93;
- a qualidade na execução do objeto também foi assegurada com a possibilidade de a Administração indicar a relação de máquinas, equipamentos e pessoal técnico considerados essenciais para o cumprimento da obrigação, na forma do art. 30, §5º, da Lei nº 8.666/93;
- a qualidade foi traduzida como a possibilidade de exigir dos licitantes a metodologia da execução, que pode ser avaliada pela Administração, na fase da habilitação, nos termos do art. 30, §8º da Lei nº 8.666/93;
- a qualidade na execução de determinado objeto deve ser anotada no registro cadastral, para referência nas futuras contratações, na forma do art. 36, §2º, da Lei nº 8.666/93;
- a qualidade exigida no edital, se desatendida na proposta do licitante, implica a desclassificação desta, pelo que se depreende do art. 43, inc. IV, c/c 48, inc. I, da Lei nº 8.666/93;
- a verificação da qualidade do objeto pode ser motivo de diligência da comissão de licitação, na forma do art. 43, §3º, da Lei nº 8.666/93;
- a qualidade pode ser licitamente indicada, quando aferível por critérios objetivos e respeito ao princípio da igualdade, nos termos do art. 44, §1º, Lei nº 8.666/93;
- a qualidade do objeto pretendido pode vir até a justificar a utilização de outro tipo de licitação, como "técnica e preço" ou "melhor técnica", como dispõe o art. 4º, §1º, e 46 da Lei nº 8.666/93;
- a qualidade na execução do objeto é garantida pelo dever da Administração de designar "especialmente" para cada caso um fiscal executor, necessariamente

entre os agentes da Administração na forma do art. 67 da Lei nº 8.666/93; e

- a qualidade, no recebimento do objeto, está assegurada pelos procedimentos específicos do art. 73 da Lei nº 8.666/93.

A FUNDAMENTAÇÃO LEGAL DO SISTEMA DE REGISTRO DE PREÇOS

No âmbito da Administração Pública federal e em termos de normas gerais aplicáveis a todos os entes federativos, o SRP está disciplinado, como já explicitado, no art. 15 da Lei nº 8.666/93:[30]

> Art. 15. As compras, sempre que possível, deverão: [...]
> II – ser processadas através de sistema de registro de preços; [...]
> §1º O registro de preços será precedido de ampla pesquisa de mercado.
> §2º Os preços registrados serão publicados trimestralmente para orientação da Administração, na imprensa oficial.
> §3º O sistema de registro de preços será regulamentado por decreto, atendidas as peculiaridades regionais, observadas as seguintes condições:
> I – seleção feita mediante concorrência;
> II – estipulação prévia do sistema de controle e atualização dos preços registrados;
> III – validade do registro não superior a um ano.
> §4º A existência de preços registrados não obriga a Administração a firmar as contratações que deles poderão advir, ficando-lhe facultada

[30] O SRP teve origem na legislação brasileira no vetusto Código de Contabilidade Pública da União, notadamente em sua regulamentação (Decreto nº 15 783, de 8 de outubro de 1922), tendo sido tratado, de forma pouco detalhada, em normas posteriores.

> a utilização de outros meios, respeitada a legislação relativa às licitações, sendo assegurado ao beneficiário do registro preferência em igualdade de condições.
>
> §5º O sistema de controle originado no quadro geral de preços, quando possível, deverá ser informatizado.

Consoante explicitamos em trabalho anterior,[31] o assunto *normas gerais* foi expressamente regulado na Constituição Federal, precisamente no inciso XXVII do art. 22, que, em função de diversas discussões, divergências e, principalmente, dificuldades operacionais quanto a sua redação original, teve o modelo alterado, emergindo, então, a Emenda Constitucional nº 19/98, parte integrante da chamada *Reforma Administrativa* do governo Fernando Henrique Cardoso, o qual, mantendo a competência da União como dantes, deu tratamento diferenciado ao tema, atendendo a um fortíssimo clamor doutrinário que impunha uma nova ótica sobre a matéria — com tendência progressista e altamente gerencial — para os entes da Administração Pública indireta.

Alterado foi, então, o inciso XXVII do art. 22 da Constituição Federal, que passou a ter o seguinte texto:

> Art. 22. Compete privativamente à União legislar sobre: [...]
>
> XXVII – normas gerais de licitação e contratação, em todas as modalidades, para as administrações públicas diretas, autárquicas e fundacionais da União, Estados, Distrito Federal e Municípios, obedecido o disposto no art. 37, XXI, *e para as empresas públicas e sociedades de economia mista, nos termos do art. 173, §1º, III*; (grifamos a alteração)

O mandamento constitucional anterior obrigava a toda a Administração Pública a realizar licitações para suas contratações através de regra única. O novo texto constitucional, apesar de manter a obrigatoriedade de licitação, dispôs

---

31 BITTENCOURT. *Pregão eletrônico*: comentários ao Decreto nº 5.450, de 31 de maio de 2005: considerando as regras da Lei nº 10.520, de 17 de julho de 2002.

procedimentos diferenciados, estabelecendo diretriz diversa para parte da administração indireta — empresas públicas e sociedades de economia mista —, que passou a ter estatutos próprios, a serem editados por lei ordinária federal (art. 173, §1º, da Constituição Federal), com regras específicas sujeitas apenas aos princípios da Administração Pública (art. 173, §1º, III).

A alteração redacional visou à resolução de sérios problemas operacionais dos integrantes da administração indireta alcançados.

Há de se destacar que a nova regra constitucional, apesar de ter permitido a edição de estatutos licitatórios próprios para os entes mencionados, manteve todo o regramento referente à edição de normas gerais.

Ponto pacífico: a União estabelece normas gerais sobre licitação e os outros entes federativos editam leis específicas referentes ao restante.

Todavia, há algumas dúvidas sobre o tema:[32]

a) quais seriam, precisamente, tais normas gerais, na Lei nº 8.666/93, e como identificá-las?
b) até que ponto poderiam, ou não, repercutir sobre a aplicação de leis estaduais e municipais já existentes e em vigor, naquilo em que estas disponham de maneira diversa?
c) quais seriam, dentro da aplicação dessas normas, as balizas orientadoras da elaboração de novos diplomas locais específicos, doravante?
d) como, exatamente, seria o procedimento dos Estados, Municípios e Distrito Federal para o perfeito atendimento ao mandamento disposto no art. 118 da Lei nº 8.666/93? Deveriam atender apenas e tão somente as normas gerais que impõem sua estrita observância

[32] Levantadas pela professora Alice Gonzalez Borges (*In*: *Normas gerais no estatuto de licitações e contratos administrativos*, p. 13-14), que reproduzimos, com as adaptações devidas.

pelas demais ordens constitucionais? Até que ponto seria válida a normatividade dessas regras obrigatórias, à vista do princípio da autonomia dos estados e municípios?

Acrescente-se, ainda, outra inquietante indagação: a regulamentação das normas gerais deve ou não ser acatada pelos outros entes federativos?

Antes de qualquer tentativa de apresentar respostas, é preciso pincelar ideias do que seriam as tais *normas gerais*.

Em rapidíssima síntese, calcando-se nos firmes ensinamentos de Oswaldo Aranha Bandeira de Mello,[33] é de se ter em mente, para bem entendê-las, que existem matérias onde os órgãos federais são competentes para estabelecer os princípios, prescrevendo as normas gerais. Nessa hipótese, os Estados-membros ficam encarregados de ditar os dispositivos complementares e supletivos. A União, nesse caso, não deve e não pode exceder-se no exercício das suas atribuições, entrando em pormenores e prescrevendo, quase completamente, sobre a matéria, porquanto, desse modo, viria anular a verdadeira competência daqueles. Sergio de Andréa Ferreira sintetiza com desenvoltura:

> O conceito de normas gerais tem duas espécies de condicionamentos, um de caráter horizontal, e outro vertical: pelo primeiro, essas normas têm de ser idênticas para todas as unidades federativas envolvidas, e a todas abranger; pelo segundo, têm de cingir-se, efetivamente, às generalidades, sem descer a especificações, sem baixar a detalhamentos.[34]

Alguns autores tentaram depurar o Estatuto separando as regras ditas gerais das demais. Toshio Mukai encarou a tarefa com bravura ainda quando da análise do Decreto-Lei nº 2.300/86;[35] Alice Gonzalez Borges também; depois

---

[33] BANDEIRA DE MELLO. *Princípios gerais de direito administrativo*.

[34] FERREIRA. *Comentários à Constituição*, p. 213.

[35] MUKAI. *Estatutos jurídicos de licitações e contratos administrativos*: de acordo com a Constituição de 1988.

Jessé Torres Pereira Junior buscou informá-las, já na Lei nº 8.666/93,[36] outros tentaram, mas, como bem obtemperou Alice Borges, "tema tão palpitante ainda há de ser amplamente refletido, debatido, examinado com profundidade, antes que se chegue a uma desejável cristalização de tendências e posicionamentos",[37] porquanto, é cediço que a situação, infelizmente, ainda não se aclarou no ordenamento jurídico pátrio.

Eros Grau, por exemplo, arguto intérprete da ciência do Direito, tecendo comentários sobre o assunto, após alinhavar várias argumentações, concluiu que "ainda assim, contudo, a complexidade do tema permanece a nos desafiar, conduzindo alguns ao descaminho tantas vezes trilhado quando buscam determinar o que não é norma geral",[38] chegando a vaticinar: "Segundo a lei de 1993, tudo, nela, é norma geral".[39] Nesse mesmo diapasão, Marcos Juruena Souto: "A Lei nº 8.666/93, logo em seu artigo 1º, pretendeu impor todas as suas normas como gerais".[40]

É claro que, conforme prescreve a Constituição Federal, não resta excluída jamais a competência suplementar dos Estados; todavia, a superveniência da lei nacional quanto às normas gerais afasta a eficácia da lei estadual em tudo que lhe for contrária.

Ecoam aqui as ilustres lições do Ministro Moreira Alves: "Para se configurar o vazio que pode ser preenchido supletivamente pelas leis estaduais é preciso que não haja legislação federal, que abarca não somente as leis, mas também os diferentes atos normativos (decretos, regulamentos, circulares, portarias etc.) que emanam da União Federal (RTJ, 115:1033)".[41]

---

36 PEREIRA JÚNIOR. *Comentários à Lei das licitações e contratações da Administração Pública*, 2002.

37 BORGES. *Normas gerais no estatuto de licitações e contratos administrativos.*

38 GRAU. *Licitação e contrato administrativo*: estudo sobre a interpretação da lei, p. 13.

39 GRAU. *Licitação e contrato administrativo*: estudo sobre a interpretação da lei, p. 10.

40 SOUTO. *Licitações e contratos administrativos*: doutrina: Lei nº 8.666, de 21.06.93, comentada. 3. ed. rev., ampl. e atual. pela EC nº 19/98 e pela Lei nº 9.648, de 27.5.98 e Lei nº 9.854, de 27.10.99, p. 54.

41 MENDES. *Comentários ao estatuto das licitações e contratos administrativos*: com apontamentos sobre a Lei paulista nº 6.544/89, p. 5.

O art. 15 da Lei nº 8.666/93, como bem avaliou Eliana Leão, é um dispositivo híbrido, quanto aos destinatários dos seus comandos, porquanto possui regras incidentes apenas para a Administração federal (*caput*, inciso II e §2º) e normas que alcançam todas as entidades federativas, ou seja, União, Estados, Distrito Federal e Municípios, além das entidades da administração indireta que queiram adotar o sistema (parágrafos 1º, 3º, 4º e 5º).

O SRP está regulamentado, no âmbito da Administração federal (direta, autárquica, fundacional, fundos especiais, empresas públicas, sociedades de economia mista e demais entidades controladas, direta ou indiretamente pela União) pelo Decreto nº 7.892, de 23 de janeiro de 2013,[42] que revogou expressamente o Decreto nº 3.931, de 19 de setembro de 2001, que o regulamentava.

O enfrentamento da avaliação da aplicação desse diploma regulamentar, no que diz respeito à abrangência, não obstante ter ele já delineado seu alcance, é deveras complicado, considerando o hibridismo do art. 15 da Lei nº 8.666/93, uma vez que, como esposado, tem adoção específica para a Administração federal, mas possui também aplicação para os entes da federação em certas passagens.

Temos sustentado — como já o fizemos quando da apreciação da modalidade de licitação pregão, tanto para o pregão presencial,[43] como para o pregão eletrônico[44] — que a regulamentação federal oferecida para regras que constituem normas gerais são totalmente válidas também para os demais entes federativos.[45]

---

[42] Publicado no *Diário Oficial da União* (*DOU*), 23 jan. 2013.

[43] BITTENCOURT. *Pregão passo a passo* – Lei nº 10.520, de 17 de julho de 2002 (comentários aos artigos do diploma legal que institui a modalidade de licitação Pregão para todos os entes da Federação).

[44] BITTENCOURT. *Pregão eletrônico*: Decreto nº 5.450, de 31 de maio de 2005: Lei nº 10.520, de 17 de julho de 2002: considerando também a Lei Complementar nº 123/2006, que estabelece tratamento diferenciado e favorecido às microempresas e empresas de pequeno porte.

[45] Registre-se que a doutrina dominante refuta este entendimento, considerando-o à margem da função outorgada aos regulamentos. Contudo, já que, pelo que se observa,

Nessa mesma tese, também a conceituada palavra de Maria Sylvia Zanella Di Pietro, quando da apreciação do Decreto nº 1.070, de 2 de março de 1994, que regulamentou o art. 3º da Lei nº 8.248, de 23 de outubro de 1991, voltado para as contratações de bens e serviços de informática, em situação, em termos de aplicação, exatamente igual:

> A Lei nº 8.666/93, apesar de todas as discussões sobre se suas normas são todas gerais ou não e, portanto, obrigatórias para Estados e Municípios, aplica-se à União, Estados, Distrito Federal e Municípios, conforme consta do seu art. 1º. E, ainda que houvesse alguma dúvida com relação a vários dispositivos da lei, dúvida não existe de que a matéria pertinente ao procedimento, em especial nos critérios de julgamento, é norma geral de observância obrigatória. Portanto, qualquer decreto regulamentador dessas normas tem que ter forçosamente o mesmo alcance. E como no preâmbulo já constava a referência a essa lei, parece indubitável que, regulamentando dispositivo da lei de licitações, o dispositivo teria alcance nacional.[46] [47]

Sobre o tema, a ponderação de George Ávila Matos:

> Ademais, como bem afirmado por Maria Sylvia Zanella Di Pietro, se, apesar de todos os desencontros doutrinários, a Lei 8.666/93 estabelece em seu artigo 1º normas gerais sobre licitações e contratos administrativos no âmbito dos Poderes da União, dos Estados, do

tem sido esse o comportamento adotado pelos entes federativos, sem recriminação por parte das cortes de contas, espera-se que os decretos federais regulamentares de leis que ditam normas gerais sirvam ao menos de inspiração aos entes federativos, apenas divergindo nos pontos que realmente representem a diversidade regional (de modo que não se crie uma verdadeira balbúrdia jurídica nesse país). Nessa linha, as lições do professor Luciano Ferraz: "Nada impede que Estados e Municípios baixem normas [...] elegendo o decreto federal em vigor como parâmetro de regência do respectivo pregão eletrônico, adaptando-o à realidade pertinente a cada um deles, observação que se estende também ao pregão comum" (Pregão eletrônico. *Biblioteca Digital Fórum de Contratação e Gestão Pública – FCGP*, ano 5, n. 59).

[46] DI PIETRO. Contratação de bens e serviços de informática: aplicação do Decreto Federal nº 1.070, de 2.3.94, aos Estados e Municípios. *In*: DI PIETRO *et al*. *Temas polêmicos sobre licitações e contratos*, p. 149.

[47] Em tese contrária, Carlos Ari Sundfeld: "Inexiste regra constitucional permitindo ao Chefe do Executivo Federal, através de decreto, impor pautas de conduta às demais pessoas políticas" (*Licitação e contrato administrativo*: de acordo com as leis 8.666/93 e 8.883/94, p. 33).

Distrito Federal e dos Municípios, parece-nos razoável que os estatutos Federais regulamentadores decorrentes devam ter a mesma força e alcance das "normas gerais".[48]

Também a apreciação de Aldem Johnston Barbosa Araújo:

> [...] fica evidenciado que o Decreto Federal nº 3.931/2001, que traça as linhas gerais do Sistema de Registro de Preços, é aplicável não só à União e aos integrantes da Administração Indireta Federal, mas sim à Administração Pública Direta e Indireta de Estados e Municípios.[49]

Anote-se o magistério do constitucionalista Sahid Maluf:

> Se não existe lei federal sobre a matéria, a estadual é supletiva total; e se existe, mas deixou em branco o assunto que interessa ao Estado, a lei é deste supletiva parcial. Se a lei federal dispõe apenas de linhas gerais, fixando princípios básicos, tem cabimento a lei estadual que complementará peculiaridades locais, naturalmente, sem contradizer as normas da lei maior. A legislação estadual complementar pressupõe a existência de lei federal. Esta determinou as normas gerais e básicas, mas deixou de prever todos os casos ocorrentes; não os regulamentou; não indicou solução para problemas locais. Sua omissão, em regra, é proposital, deixou campo aberto para que os Estados-membros ajustem as diretrizes da lei federal à realidade local. Assuntos tais [...] não comportam soluções uniformes para todas as regiões do País.[50]

No caso do SRP, como já comentado, há certa indefinição no acatamento dessa fórmula interpretativa, de vez que as normas gerais dispostas no art. 15 se restringem a parágrafos. Daí sermos partidários, adotando regras de hermenêutica, que leis específicas locais poderão dispor sobre o assunto,

---

48 MATOS. Adesão vertical de órgãos federais no sistema de registro de preços: breves comentários ao Acórdão 6511/2009 e à Orientação Normativa nº 21/2009 da AGU.

49 ARAÚJO. Anotações sobre o Registro de Preços instituído pelo Decreto Federal nº 3.931/2001.

50 MALUF. *Direito constitucional*: programa do 2º ano das faculdades de direito Sahid Maluf; revisto e adaptado ao texto constitucional de 1969, p. 120, indicando, ainda, na mesma obra: "também a lei municipal [...] observadas as mesmas regras [...]".

assim como seus decretos regulamentares, desde que sejam atendidos os comandos das normas gerais.[51] [52]

Por outro lado, leis já previamente existentes devem subsistir somente nas disposições que não colidam com essas normas gerais.[53]

51 Nessa linha, Eliana Goulart Leão, tecendo comentários sobre o regrado no revogado Decreto nº 2.473/98, válidos *in totum* para a nova regulamentação, bem como para qualquer outra que venha a ser estabelecida (*O sistema de registro de preços*: uma revolução nas licitações).

52 Relembra-se que as normas podem ser autoaplicáveis quando suficientes para o disciplinamento das relações jurídicas ou o processo de sua efetivação, em face de apresentarem todos os requisitos necessários para a produção dos efeitos. No caso do SRP, sempre entendemos que as disposições normativas estabelecidas na Lei nº 8.666/93 ofereciam essa base para municípios e estados, em que pese a enorme dificuldade na separação do joio do trigo.

53 Foi o que ocorreu com a Lei Estadual nº 6.544, de 22 de setembro de 1989, regulamentada pelo Decreto nº 35.946, de 30 de outubro de 1992, com derrogações impostas pela Lei Estadual nº 10.295, de 20 de abril de 1999, no Estado de São Paulo.

COMENTÁRIOS AO DECRETO Nº 7.892, DE 23 DE JANEIRO DE 2013,[54] ALTERADO PELO DECRETO Nº 8.250, DE 23 DE MAIO DE 2014[55]

DECRETO Nº 7.892, DE 23 DE JANEIRO DE 2013

Regulamenta o Sistema de Registro de Preços previsto no art. 15 da Lei nº 8.666, de 21 de junho de 1993.

A PRESIDENTA DA REPÚBLICA, no uso da atribuição que lhe confere o art. 84, caput, inciso IV, da Constituição, e tendo em vista o disposto no art. 15 da Lei nº 8.666, de 21 de junho de 1993, e no art. 11 da Lei nº 10.520, de 17 de julho de 2002,

DECRETA:

Artigo 1º

CAPÍTULO I – DISPOSIÇÕES GERAIS

Art. 1º *As contratações de serviços e a aquisição de bens, quando efetuadas pelo Sistema de Registro de Preços – SRP, no âmbito da*

[54] Publicado no *Diário Oficial da União* (*DOU*), 23 jan. 2013.

[55] Publicado no *Diário Oficial da União* (*DOU*), 26 maio 2014 e republicado em 27 maio 2014.

administração pública federal direta, autárquica e fundacional, fundos especiais, empresas públicas, sociedades de economia mista e demais entidades controladas, direta ou indiretamente pela União, obedecerão ao disposto neste Decreto.

Consoante o exposto nas linhas introdutórias deste trabalho, a concepção da adoção do SRP está intimamente ligada à compra de bens, em função da necessidade de o gestor público buscar soluções para organização e planejamento, adequadas à legislação, que permitam a melhoria da logística de aquisição, aliada à redução dos custos dos seus estoques. *Vide* que o art. 15 da Lei nº 8.666/93, que lhe dá suporte legal, faz parte da seção "Das Compras", e, de forma direta, registra que "as compras, sempre que possível, deverão ser processadas através de sistema de registro de preços".

Não obstante, o decreto federal regulamentar anterior (nº 3.931, de 19 de setembro de 2001), ora revogado, originariamente estabelecia como itens passíveis de serem licitados através do registro de preços, as compras, os serviços e as locações.

Posteriormente, com o advento do Decreto nº 4.342, de 23 de agosto de 2002, que lhe impôs alterações, foi suprimida a autorização de sua adoção para locações, diante das enormes dificuldades operacionais que essa prática acarretava.[56]

O Decreto nº 7.892/2013 manteve o regramento, dispondo que o uso do SRP, no âmbito da Administração Pública federal direta, autárquica e fundacional, fundos especiais, empresas públicas, sociedades de economia mista e demais entidades controladas, direta ou indiretamente pela União, dar-se-á nas contratações de serviços e nas aquisições de bens.

---

[56] Não obstante visar o decreto, quando autorizava a locação, ao aluguel de equipamentos, notadamente de reprografia (tipo xerox), o que se justificava, em parte, pelas vantagens oferecidas na adoção desse mecanismo em certas ocasiões.

Já anotamos que constitui enorme avanço — e inovação — a permissão de adoção do SRP para contratar serviços. Por diversas vezes se deparam os agentes públicos com pequenos serviços que poderão ser necessários ao longo do tempo, carregados de uma enorme carga de indeterminação, com consequente dificuldade de planejamento, de vez que ocorrem em face de atividades de rotina. A recuperação de instalações, os reparos de equipamentos, os serviços de manutenção e pintura são exemplos clássicos. Serviços capazes de serem estabelecidos por algum tipo de medição (homem/hora, hora/aula, m^2, km, etc.) são plenamente factíveis a serem licitados através do SRP.[57]

Há, contudo, que se avaliar juridicamente esse alcance. Numa interpretação sistemática do art. 15, *caput* e inciso II da Lei nº 8.666/93, verificar-se-á, como antes frisado, que só há autorização legal para utilização do sistema em compras. O inciso VII do art. 24 do mesmo diploma, aplicável a todas as entidades federativas, confirma esse alcance, ao admitir a dispensabilidade licitatória, com contratação direta. A forma redacional adotada para esse inciso não é, realmente, das melhores. Uma leitura cuidadosa, entrementes, determinará o verdadeiro teor de seus termos.

Para uma melhor visualização, transcrevemos, a seguir, este inciso VII:

> Art. 24. É dispensável a licitação: [...]
> VII – quando as propostas apresentadas consignarem preços manifestamente superiores aos praticados no mercado nacional, ou forem incompatíveis com os fixados pelos órgãos oficiais competentes, caso em que, observado o parágrafo único do artigo 48 desta Lei e, persistindo a situação, será admitida a adjudicação direta dos bens ou serviços, por valor não superior ao constante do registro de preços, ou dos serviços;

[57] Com esse entendimento já havia se manifestado, antes mesmo da atual regulamentação, José Gomes do Prado Filho, em trabalho publicado em boletim específico (Registro de preços, desnecessidade de decreto regulamentador para as sociedades de economia mista, validade de regulamentação própria da entidade. *Boletim de Licitações e Contratos*, p. 305-306).

Minudenciando o prescrito, é forçoso reconhecer que há permissão para a adjudicação direta dos bens, por valor não superior ao constante do registro de preços, e dos serviços, por valor não superior aos preços em vigor relacionados a eles.

É o que também asseverou Eliana Leão:

> Examinando-se a última parte do inciso, constata-se que a lei, ao indicar os preços registrados como base valorativa para a contratação direta de *compras*, referiu-se apenas às compras com dispensa de licitação, já que para os serviços estabeleceu como parâmetro os preços vigentes em relação a estes.[58]

Desse modo, é inegável que o redator do diploma regulamentar — como tem ocorrido constantemente — pôs de lado as regras elementares de elaboração de normas dessa categoria, qual seja, o simples estabelecimento da conduta de aplicação do regrado pela lei, sobrepujando o texto legal que estava a regulamentar, determinando o que não poderia determinar.[59]

Assim, não obstante o avanço e a significância da adoção do SRP também para serviços, entendemos que, infelizmente, há ilegalidade na autorização.[60]

---

[58] LEÃO. *O sistema de registro de preços*: uma revolução nas licitações, p. 49.

[59] Paulo Sérgio de Monteiro Reis não concorda com essa tese, pois considerou que a configuração textual decorreu de impropriedade redacional, diante da consequência natural da adoção do SRP para contratação de serviços, considerando o seu mecanismo. O professor, entrementes, ponderou somente em função do que avaliou na interpretação do art. 15 da Lei nº 8.666/93 (dispositivo que, conforme posicionado na lei, estaria voltado apenas para as compras), descurando-se do art. 24 que mencionamos (cf. REIS. A nova regulamentação do sistema de registro de preços federal. *Informativo de Licitações e Contratos – ILC*, p. 846-850). Vanice Regina Lírio do Valle, comentando o assunto, pondera que a tese da admissibilidade do registro de preços para a contratação de serviços, não obstante a inserção do art. 15 da Lei nº 8.666/93 na Seção Das Compras, ganha hoje bastante vulto, principalmente por um raciocínio de plena admissibilidade lógica: "Embora a uma primeira reflexão, serviços pareçam em princípio não se compatibilizarem com SRP, é fato que alguns — que tenham necessidade permanente e condições de prestação assemelhadas, sempre — podem perfeitamente admitir essa modalidade. São bons exemplos os serviços de fornecimento de passagens, serviços de dedetização, serviços de *buffet* e recepção e outros" (VALLE. Sistema de registro de preços: algumas considerações práticas. *In*: BITTENCOURT (Org.). *Temas controvertidos sobre licitações e contratos administrativos*).

[60] Vanice Lírio do Valle avalia com mais simplicidade este inciso VII, entendendo que, apesar de mencionar o registro de preços, nada ele tem a ver com o seu disciplinamento: "Por vezes, a Lei nº 8.666/93 menciona a existência de preços registrados,

Bem registraram, no entanto, Tolosa e Payá, com nosso pleno assentimento, que não existe impedimento na utilização do sistema para as aquisições de bens atreladas à mão de obra, quando necessário. Exemplificam, para dar vazão ao que defendem, com a aquisição de determinada metragem quadrada de azulejo, incluindo a sua colocação, ou mesmo, quanto à viabilidade de aquisição de hidrômetros com o respectivo encargo de instalação.[61]

O artigo também define o âmbito da norma. Sem embargo do que ponderamos no início deste trabalho — quando exercitamos a ideia da possibilidade de o instrumento regulamentar, voltado para detalhar passos regentes por regra que dispõe norma geral, alcançar, ainda que em parte, todos os entes federativos —, verifica-se que o decreto tem âmbito sobre toda a Administração Pública federal direta e indireta (autárquica, fundacional, empresas públicas, sociedades de economia mista), além de alcançar os fundos especiais e demais entidades controladas, direta ou indiretamente, pela União.

A referência aos fundos especiais continua a motivar reflexão em face da imprecisão de sua caracterização. Consoante as lições do tributarista Ricardo Lobo Torres, os fundos especiais são instrumentos de descentralização da administração financeira — constituindo uma universalidade de receitas vinculadas a despesas específicas — administrados pelo órgão público indicado na lei e subordinados ao controle externo do Tribunal de Contas.[62]

---

quero crer, sem que se esteja propriamente referindo ao Sistema de Registro de Preços, em seu sentido técnico. Isso porque, a par dessa modalidade de seleção de propostas para fins de contratação, a legislação cogita da instituição de uma espécie de banco de dados de preços praticados, como elemento norteador mesmo da aferição de admissibilidade de propostas apresentadas à Administração. Assim é que o art. 24, VII, da Lei nº 8.666/93 — a meu sentir — ao referir à adjudicação direta de bens ou serviços '... por valor não superior ao constante do registro de preços ou de serviços...''' (Sistema de registro de preços: algumas considerações práticas. *In*: BITTENCOURT (Org.). *Temas controvertidos sobre licitações e contratos administrativos*).

61 TOLOSA FILHO; PAYÁ. *Entendendo, implantando e mantendo o sistema de registro de preços*, p. 15.

62 TORRES. Os fundos especiais.

Tais fundos consignam, por conseguinte, uma forma de gestão autônoma de recursos públicos, estando sempre vinculados a um órgão da Administração Pública, não constituindo, nesse passo, entidades jurídicas, mas, sim, unidades orçamentárias, isto é, entes contábeis representados por um conjunto de contas especiais que identificam e demonstram as origens e as aplicações de recursos nas atividades para o qual foi criado.

Por tudo isso, Marçal Justen sugere cautela:

> [...] o fundo é objeto de direito, não sujeito. Eventualmente, poderá atribuir-se personalidade jurídica autônoma a um fundo. Nada impede que se mantenha a expressão "fundo" na denominação atribuída ao novo sujeito. Em tais hipóteses, não será possível confundir "fundo-sujeito" com "fundo-objeto". Se o fundo vier a ser personificado, adotará uma das formas jurídicas conhecidas. Normalmente, corresponderá a uma autarquia, mas seria possível cogitar de fundação ou empresa pública.[63]

Nesse curso, conclui o jurista que é descabida a alusão a contratos pactuados por fundos, uma vez que a terminologia não corresponde à melhor técnica, pois, se o fundo não for personificado, atribuir-lhe a condição de parte em um contrato não seria correto, já que a verdadeira parte seria o sujeito encarregado de gerir o fundo.

No mesmo diapasão, Marcos Juruena observa que os fundos especiais são inaptos para contraírem direitos e obrigações, por não terem personalidade jurídica.[64]

Sem a menor dúvida, os fundos especiais possuem somente caráter contábil, com gestão realizada pelos órgãos encarregados para tal,[65] pelo que não deveriam ser elencados no rol de pactuantes de contratos.

---

[63] JUSTEN FILHO. *Comentários a Lei de Licitações e Contratos Administrativos*, p. 30.

[64] SOUTO. *Licitações e contratos administrativos*: doutrina: Lei n. 8.666, de 21.06.93, comentada. 3. ed. rev., ampl. e atual. pela EC nº19/98 e pela Lei n. 9.648, de 27.5.98 e Lei nº 9.854, de 27.10.99, p. 56.

[65] Conforme esposamos em: BITTENCOURT. *Pregão passo a passo*: uma nova modalidade de licitação para a União, Estados, Municípios e Distrito Federal, p. 25.

Artigo 2º

Art. 2º *Para os efeitos deste Decreto, são adotadas as seguintes definições:*

I – Sistema de Registro de Preços – conjunto de procedimentos para registro formal de preços relativos à prestação de serviços e aquisição de bens, para contratações futuras;

II – ata de registro de preços – documento vinculativo, obrigacional, com característica de compromisso para futura contratação, em que se registram os preços, fornecedores, órgãos participantes e condições a serem praticadas, conforme as disposições contidas no instrumento convocatório e propostas apresentadas;

III – órgão gerenciador – órgão ou entidade da administração pública federal responsável pela condução do conjunto de procedimentos para registro de preços e gerenciamento da ata de registro de preços dele decorrente;

IV – órgão participante – órgão ou entidade da administração pública que participa dos procedimentos iniciais do Sistema de Registro de Preços e integra a ata de registro de preços; (Redação dada pelo Decreto nº 8.250, de 2014)

V – órgão não participante – órgão ou entidade da administração pública que, não tendo participado dos procedimentos iniciais da licitação, atendidos os requisitos desta norma, faz adesão à ata de registro de preços.

VI – compra nacional – compra ou contratação de bens e serviços, em que o órgão gerenciador conduz os procedimentos para registro de preços destinado à execução descentralizada de programa ou projeto federal, mediante prévia indicação da demanda pelos entes federados beneficiados; e (Incluído pelo Decreto nº 8.250, de 2014)

VII – órgão participante de compra nacional – órgão ou entidade da administração pública que, em razão de participação em programa ou projeto federal, é contemplado no registro de preços independente de manifestação formal. (Incluído pelo Decreto nº 8.250, de 2014)

De caráter eminentemente didático, reproduzindo forma adotada pelo legislador da Lei nº 8.666/93, o dispositivo procura dar significação precisa a termos relevantes do diploma regulamentar.

Alguns especialistas são de opinião que compete à doutrina tal tarefa. Todavia, incontestavelmente, é cediço que, em alguns casos, a definição no corpo do diploma legal facilita bastante a interpretação de certos dispositivos.

1. *Sistema de Registro de Preços (SRP)*: informa o decreto que se trata de um conjunto de procedimentos para registro formal de preços relativos à prestação de serviços e aquisição de bens, para contratações futuras.

Já esposamos que o SRP não é uma licitação, mas sim um mecanismo para sua implantação.

Trata-se, no dizer da norma, de um conjunto de procedimentos. Diríamos que se consubstancia num procedimento, residindo nele a licitação (concorrência ou pregão).

Por outro lado, mesmo sendo composto por uma licitação, tem o procedimento peculiaridade especial, porquanto não oferece, como nos certames convencionais, o direito subjetivo à contratação, mas tão somente a sólida expectativa de que isso venha a ocorrer, uma vez que constitui característica do sistema a faculdade reconhecida à Administração no sentido de, havendo condição melhor no mercado, valer-se dela. Essa característica só se diferencia, conforme obtempera Vanice Lírio do Valle, ao se admitir, não obstante a prerrogativa que se reconhece à Administração em um dado momento, que o detentor do preço registrado não se veja por isso totalmente desobrigado.

O cancelamento do registro — que implica verdadeira rescisão, eventualmente culposa, do contrato que a Administração mantinha — sempre permitirá à Administração valer-se do mercado. Isso porque se seu contrato original decorrente do SRP foi rescindido, e se a necessidade da entidade pública persiste, ela há de ser atendida necessariamente pelo mercado. A se adotar, portanto, a linha de que o descumprimento da obrigação de fornecer determinará sempre o cancelamento *tout court* do preço registrado, estaríamos esvaziando de qualquer significado operante a prerrogativa assinalada à Administração pelo art. 15, §4º, da Lei nº 8.666/93. Ao contrário, o que restará de significado para tal dispositivo será a garantia em favor do contratado da preferência sobre o mercado em igualdade de condições.[66]

2. *Ata de Registro de Preços (ARP)*: indica o decreto que se trata de documento vinculativo, obrigacional, com característica de compromisso para futura contratação, em que se registram os preços, fornecedores, órgãos participantes e condições a serem praticadas, conforme as disposições contidas no instrumento convocatório e propostas apresentadas.

Importa registrar, de imediato, que a ARP não é um contrato. O elaborador do decreto foi bastante feliz quando fez constar que a ata constitui apenas um compromisso assumido para uma possível futura contratação.

Não possui, também, apesar do nome, características semelhantes a uma ata comum, na qual são relatados todos os fatos concernentes a certa reunião ou sessão, como sempre ocorre nas licitações de um modo geral. Distingue-se bastante dessa em face do conteúdo de compromisso vinculativo que carrega, pois se destina, efetivamente, ao registro dos preços e das condições formulados por licitantes, estabelecendo o vínculo obrigacional para que, se necessário, decorra uma contratação.

Apesar de censurá-la, Mariense Escobar oferece um bom sucinto conceito, definindo que é a ARP um documento lavrado à feição de um pré-contrato e firmado pelos participantes com a Administração, para que dela decorra, subsequentemente, um termo de contrato.[67]

---

66 VALLE. Sistema de registro de preços: algumas considerações práticas. *In*: BITTENCOURT (Org.). *Temas controvertidos sobre licitações e contratos administrativos*, p. 125.

67 ESCOBAR. *O sistema de registro de preços nas compras públicas*: teoria e prática, p. 59. O autor considera dispensável o instrumento: "A nosso ver, se o procedimento

A ARP é, por conseguinte, o documento que registrará os preços das propostas classificadas na licitação — e, logicamente, os fornecedores —, de acordo com os critérios estabelecidos no edital, bem como as condições para os contratos que poderão ser celebrados futuramente entre os que registraram os preços e o Poder Público.

Ressalte-se que a menção aos "contratos futuros" deve ser encarada em sentido lato, podendo tais acordos ser substituídos por instrumentos equivalentes, conforme preceitua o art. 62 da Lei nº 8.666/93 (cartas-contrato, notas de empenho de despesa, autorização de compra, ordem de execução de serviço, etc.).[68]

Como observa Eliana Leão, a ARP consigna um verdadeiro "pacto leonino" em relação aos que têm seus preços registrados, uma vez que, apesar de obrigá-los ao fornecimento do objeto até o limite máximo estimado para o consumo em um determinado período, caso haja a solicitação por parte da Administração, não impõe ao Poder Público nenhuma obrigatoriedade de compra.[69]

Apesar de não se consubstanciar como um contrato, à ARP, como se verificará ao longo deste trabalho, aplicar-se-ão as "exorbitâncias" que decorrem da posição de supremacia do poder da Administração, tal como ocorre com os contratos administrativos.

---

licitatório contiver a indispensável Ata de Julgamento, a Classificação das Propostas [...] foi publicado na imprensa oficial o resultado, com a indicação dos preços registrados, desde que homologado o certame pela autoridade competente, parecem desnecessárias outras formalidades, como essa ata de registro de preços, até porque o registro, propriamente dito, possivelmente informatizado, como recomenda o §5º do art. 15 da Lei nº 8.666/93, não carece de mais esse formalismo".

[68] "Art. 62. O instrumento de contrato é obrigatório nos casos de concorrência e de tomada de preços, bem como nas dispensas e inexigibilidades cujos preços estejam compreendidos nos limites destas duas modalidades de licitação, e facultativo nos demais em que a Administração puder substituí-lo por outros instrumentos hábeis, tais como carta-contrato, nota de empenho de despesa, autorização de compra ou ordem de execução de serviço".

[69] LEÃO. *O sistema de registro de preços*: uma revolução nas licitações, p. 138.

Interessante notar que a expressão "fornecedores" é adotada tanto para os que virão a fornecer bens como os que prestarão serviços.

Ressalta-se que também são registrados na ARP os órgãos participantes, quais sejam, como identificados adiante, os órgãos (ou entidades) que participaram dos procedimentos iniciais do SRP.

3. *Órgão Gerenciador*: o decreto conceitua que é do órgão ou entidade da Administração Pública federal responsável pela condução do conjunto de procedimentos do certame para registro de preços e gerenciamento da Ata de Registro de Preços dele decorrente.

Logo se vê que o Órgão Gerenciador é o grande gestor do registro de preços, dirigindo, administrando e conduzindo a licitação.

No entanto, evidencia-se um problema que pode ter relevo de proporções: a expressão "órgão" tem recebido da doutrina jurídico-administrativa diversas significações, muitos até o identificando como o próprio agente público. Forte corrente, entrementes, com universal aceitação dos publicistas contemporâneos, amolda a conceituação aos ditames da pessoa jurídica (sujeito de direitos e obrigações). Então há de ser considerado como Órgão Gerenciador não o agente, mas sim a instituição.[70]

---

[70] Por outro lado, há de ser sopesado o fato de que as Comissões de Licitação também são consideradas órgãos, o que, em termos práticos, aumenta bastante as dificuldades operacionais. Diogenes Gasparini, em explanação sobre o conceito desse colegiado, alinhavou: "A comissão de licitação é um grupo de pessoas, um colégio de pessoas de, no mínimo, três, [...] Qual é a natureza jurídica da Comissão? Certamente não é uma pessoa física, certamente não é uma pessoa jurídica; a comissão é um órgão, é um setor da Administração Pública responsável por uma dada incumbência. No caso, dirigir e julgar uma licitação. Então, Comissão de Licitação é um órgão, um órgão administrativo, como existem tantos. A Administração Pública tem inúmeros órgãos através dos quais ela desempenha a sua atividade. Então, a Comissão de Licitação é exatamente um órgão, um órgão administrativo. [...] É um órgão colegiado, diferente, portanto, de um órgão simples" (*Palestra ocorrida no 6º Seminário Nacional de Direito Administrativo*, promovido pela Editora NDJ, São Paulo, em 12 nov. 1999). Da mesma forma, em palestra posterior, Jessé Torres: "[...] repetimos, a Comissão é um órgão, as decisões são do órgão, não das pessoas; todos os que integram o órgão respondem

4. *Órgão Participante*: o decreto conceitua que se trata do órgão ou entidade da Administração Pública que participa dos procedimentos iniciais do Sistema de Registro de Preços e integra a Ata de Registro de Preços.

Diferentemente do Órgão Gerenciador, se divisa total impossibilidade de o Órgão Participante ser confundido com a comissão de licitação, porquanto facilmente se verifica que a expressão objetiva indicar a(s) pessoa(s) jurídica(s) — órgão ou entidade públicos — que poderá(ão) usufruir dos registros realizados, contratando, quando necessário, com aqueles que tiveram seus preços registrados. São, pois, beneficiários da licitação.

Como já explicitado, o registro de preços é o sistema de contratações adequado quando existirem diversos órgãos ou entidades agregados a serem atendidos numa mesma localidade, sendo estes, assim, os órgãos participantes.

O Decreto nº 8.250/2014 impôs uma modificação importante na definição, pois suprimiu a expressão "federal" que constava no diploma original (o texto indicava "órgão ou entidade da administração pública *federal*"). Dessa forma, passou a permitir que entes dos Estados, Municípios e Distrito Federal participem de atas de registro de preços promovidas no âmbito federal. É de se anotar, no entanto, que o regulamento, no §8º do art. 22, veda a adesão de entes federais às atas geridas por entes estaduais, municipais ou distritais.

5. *Órgão não Participante*: o ato regulamentar o define como o órgão ou a entidade da Administração Pública que, não tendo participado dos procedimentos iniciais da licitação, atendidos os requisitos desta norma, faz adesão à Ata de Registro de Preços.

Repetindo e ampliando disposições do revogado Decreto nº 3.931/01, o art. 22 do diploma ora em análise admite que a

pelas decisões tomadas pelo órgão". Com isso, Órgão Gerenciador poderia ser o Ministério que instaurou a licitação ou a comissão de licitação instituída para dar vazão aos trabalhos referentes ao registro de preços perseguido, o que, na prática, poderá acarretar problemas judiciais quanto ao sujeito da ação.

ARP seja utilizada por outros órgãos, maximizando o esforço das unidades administrativas que venham a implantar o Sistema de Registro de Preços. Segundo o dispositivo, desde que devidamente justificada a vantagem, a ARP, durante sua vigência, poderá ser utilizada por qualquer órgão ou entidade da Administração federal que não tenha participado do certame licitatório, mediante anuência do órgão gerenciador, sendo facultada aos órgãos ou entidades municipais, distritais ou estaduais a adesão a atas da Administração Pública federal (§9º do art. 22).

A prática popularizou-se no âmbito das ligações através da denominação "carona", ou seja, a participação daqueles que, não tendo compartilhado da competição (não constando, em decorrência, da ata), consultam o Órgão Gerenciador, solicitando o uso da ARP.

6. *Compra Nacional*: o regulamento a define, consoante texto introduzido pelo Decreto nº 8.250/14, como a compra de bens ou a contratação de serviços, em que o órgão gerenciador conduz os procedimentos para registro de preços destinado à execução descentralizada de programa ou projeto federal, mediante prévia indicação da demanda pelos entes federados beneficiados.

Evidencia-se a intenção do Poder Executivo federal de utilizar o SRP como instrumento de execução de seus programas e/ou projetos nas demais esferas federativas, como forma de descentralização de políticas públicas.

Nesse contexto, insere na regulamentação de registro de preços[71] o desenvolvimento de aquisição ou contratação denominado "Compra Nacional", por meio da qual designa

---

[71] Da mesma forma, o Decreto nº 8.251/2014, que altera o Decreto nº 7.581/11 (regulamentar do Regime Diferenciado de Contratações Públicas – RDC, de que trata a Lei nº 12.462/11) inseriu o conceito. Na alteração do art. 88 da Lei do RDC, também definiu compra nacional em inciso específico: "VII – compra nacional – compra ou contratação de bens, serviços e obras com características padronizadas, inclusive de engenharia, em que o órgão gerenciador conduz os procedimentos para registro de preços destinado à execução descentralizada de programa ou projeto federal, mediante prévia indicação da demanda pelos entes federados beneficiado".

um órgão público para a condução dos procedimentos para registro de preços destinado à execução descentralizada de programa ou governo federal. Isso fica claro quando faculta a todos os entes federativos participantes da Ata de Registro de Preços (ARP) o uso de recursos decorrentes de transferências legais e voluntárias da União.

Assim, autoriza o uso de recursos financeiros da União, repassados por convênios e outros instrumentos congêneres de colaboração, para fins de contratação de bens e serviços por meio da ARP.

Dessa forma, como observou Flavia Daniel Vianna, os órgãos e entidades de todas as esferas governamentais (União, Estados, Municípios e Distrito Federal) beneficiados pelo projeto, participarão, através do registro de preços, da mesma ARP implantada pelo órgão gerenciador, que levará em conta a indicação da demanda de cada participante para estipular os quantitativos máximos estimados.[72]

Um exemplo deste modelo de compras é a experiência do Fundo Nacional de Educação (FNDE) com seu projeto de Registro de Preços Nacional. O órgão trabalha em regime de colaboração com Estados e Municípios para que estes possam adquirir ônibus, bicicletas, computadores, brinquedos e mobiliário escolar.

Segundo Loreni Foresti, Secretária de Logística e Tecnologia da Informação do MPOG, "as mudanças estabelecem mecanismos para agilizar o processo de compras governamentais compartilhadas e também regulamentar as aquisições por meio de compras nacionais".[73]

7. Órgão Participante de Compra Nacional: segundo o texto regulamentar, conforme inserção estabelecida pelo Decreto nº 8.250/14, é o órgão ou entidade da Administração Pública

[72] VIANNA, Flavia Daniel. *O que muda no SRP com o novo Decreto Federal nº 8.250, de 23 de maio de 2014.*

[73] Conforme exposto no *site* do MPOG, disponível em <http://www.planejamento.gov.br/conteudo.asp?p=noticia&ler=11285>.

que, em função de participação em programa ou projeto federal, é contemplado no registro de preços, independentemente de manifestação formal. Em outras palavras, os órgãos participantes contemplados pelo projeto ou programa do governo federal, poderão integrar a Ata de Registro de Preços como órgãos participantes sem a necessidade de se manifestarem formalmente, devendo, entretanto, consoante a definição anterior, indicar suas demandas previamente.

Artigo 3º

Art. 3º *O Sistema de Registro de Preços poderá ser adotado nas seguintes hipóteses:*

I – quando, pelas características do bem ou serviço, houver necessidade de contratações frequentes;

II – quando for conveniente a aquisição de bens com previsão de entregas parceladas ou contratação de serviços remunerados por unidade de medida ou em regime de tarefa;

III – quando for conveniente a aquisição de bens ou a contratação de serviços para atendimento a mais de um órgão ou entidade, ou a programas de governo; ou

IV – quando, pela natureza do objeto, não for possível definir previamente o quantitativo a ser demandado pela Administração.

Atendendo ao determinado no art. 15 da Lei nº 8.666/93, que impõe a adoção sempre que possível do SRP nas compras da Administração (inciso II), este artigo 2º aponta a possibilidade do uso do sistema em situações específicas.

Registre-se que o decreto anterior dispunha pelo uso preferencial. Parece-nos que ocorreu um desacerto na tentativa de melhorar o texto regulamentar. A preferência determinava primazia, precedência, anteposição. Logo, amoldava-se com mais segurança ao preconizado na lei de regência, uma vez que não se trata de recomendação para a adoção, nem de autorização para que discricionariamente possa o agente público responsável pelo uso optar, mas, sim, de imposição.

Importa frisar, portanto, que o art. 15 supracitado não sinaliza a aplicação facultativa do SRP nas compras; ao contrário, revela imposição legal no uso da sistemática como regra, adotando-se outras formas somente em situações excepcionais.

Nessa linha de raciocínio, a dicção de Benedicto de Tolosa:

> Assim, o Sistema de Registro de Preços é a regra para aquisição de bens de uso freqüente. As aquisições de bens de uso freqüente, mesmo que precedidas de licitação, devem ser encaradas como exceção. Interpretar o dispositivo de outra forma, torna o dispositivo em exame inócuo, o que contraria a técnica legislativa e interpretativa. A aquisição de bens de uso freqüente, sem utilização do Sistema de Registro de Preços, tornou-se regra, com a complacência dos órgãos de controle, por razões de ordem diversa.[74]

Por outro lado, não obstante o elenco de motivos determinantes da contratação através do SRP (contratações frequentes; bens com previsão de entrega parcelada ou contratação de serviços remunerados por unidade de medida ou em regime de tarefa; bens ou serviços que venham a atender a mais de um órgão ou entidade, e objetos que seja impossível a definição do quantitativo a ser demandado), claro é que, em se tratando principalmente de compras, há de se utilizar o sistema, afastando-se o uso se ficar comprovada a inadequação.

Registre-se que a justificativa para adoção do SRP está intimamente atrelada à caracterização da vantagem econômica, devendo centrar-se nas características do objeto — afastando-se das aquisições de equipamentos que rapidamente se deterioram, em face da obsolescência tecnológica

---

[74] TOLOSA FILHO. Licitação: o sistema de registro de preços é de adoção obrigatória?. *L&C – Revista de Administração Pública e Política.*

—, demonstrando as vantagens para a Administração. Dessa forma, é curial a conexão com o tipo de objeto pretendido (sazonalidade, utilização contínua, necessidade de entregas parceladas, etc.), de modo a ficar cristalina a adequação.

Norton Moraes elenca diversos fatores que determinam a vantagem na adoção do SRP: a) não forma estoque; b) não se desperdiça material deteriorado; c) não se ocupa espaço útil; d) não há obrigatoriedade de comprar; não existe compromisso da Administração; pode ser usado por outra unidade; e) com uma única licitação, realizam-se compras para todo o ano; f) economizam-se recursos com publicações; g) compram-se apenas as quantidades realmente necessárias e nas ocasiões próprias; e h) podem-se dirigir os recursos às mais imediatas necessidades.[75]

Há também vantagens para os fornecedores. Inicialmente, porque ficam certos que terão uma quantia média periódica de fornecimento, sem que tenham que participar de outra licitação. Além disso, como destaca Norton, a possibilidade de fornecimento é muito maior do que em uma concorrência comum, na qual o fornecedor participa sabendo a quantidade exata que irá fornecer. No SRP não existe uma quantia fixa para um consumo periódico, mas, sim, aproximada, sendo que, na maioria dos casos, essa quantia ultrapassa a estimada. Ademais, de acordo com o produto a ser fornecido, haverá um prazo de entrega determinado, isto é, na elaboração de cada edital para registro de preços, estabelecer-se-á um prazo que permitirá ao fornecedor providenciar o produto solicitado pela Administração, caso não o tenha em seu estoque.

Em resumo, elenca o jurisconsulto vantagens para o fornecedor: a) ter uma quantia média periódica de fornecimento; b) não ter que participar de outra licitação; e c) existência de um prazo de entrega determinado, o que possibilita não ter estoque.

---

75 MORAES. *Do sistema de registro de preços.*

Marcos Figueiredo Rodrigues e Marcos Inoi de Oliveira[76] também listaram as vantagens do SRP.[77] Muitas, evidentemente, idênticas às anteriormente elencadas. Outras vislumbradas merecem destaque: a) no momento da assinatura da ARP, a Administração não necessitará ter disponibilidade de recursos. Basta que isto ocorra quando da celebração do contrato ou da expedição do instrumento equivalente. Isso garantirá uma prontidão na aquisição de produtos, o que nem sempre é possível pela liberação tardia de recursos do orçamento e a necessidade de devolução no final do exercício; b) a Administração não fica presa a um só fornecedor, não havendo, portanto, necessidade de estocar grande quantidade de material, garantindo uma redução do custo de estoque; c) evita-se o fracionamento de despesa e aumenta-se a eficiência geral, em virtude da redução de processos licitatórios, liberando a burocracia para outras tarefas, reforçando, assim, a ideia de economicidade dos sistemas de registros de preços; d) proveito direto de se evitar a realização de licitações sobre diversas modalidades e estabelecimento de uma rotina aperfeiçoada da atividade licitatória com periodicidade predefinida, evitando-se os atropelos do empirismo a que são condenados todos os que enfrentam a urgência do atendimento do interesse público com acentuada escassez de recursos; e) a possibilidade de empréstimo da ata para uma unidade orçamentária, da mesma esfera administrativa, nas quantidades previstas para ela no edital. Além disso, as unidades não previstas em edital também poderão utilizar a ata, bastando que o fornecedor registrado aceite fornecer, independentemente das obrigações

---

76 RODRIGUES; OLIVEIRA. *Revolução na gestão de compras do setor público*: o sistema de registro de preços, o pregão e o portal Comprasnet. Trabalho apresentado no 26º EnANPAD – Encontro Nacional da ANPAD. Salvador, 22 a 25 set. 2002.

77 Os analistas também apontaram desvantagens: "A tendência de perderem-se as oportunidades no mercado, em razão da facilidade de utilização de uma ata de registro de preços (comodismo) e o fato de muitas empresas evitarem as licitações para registro de preços, devido aos riscos envolvidos, tais como, greves, aumento da taxa de juros real, colapso na oferta de matérias-primas, se a Administração decidir não comprar nem mesmo uma unidade de determinado item em que foi vencedora".

anteriormente assumidas na ata; f) com o compromisso anual de fornecimento e pela própria característica do SRP torna-se possível a utilização de tecnologia de informação que, com certeza, agilizará os recebimentos de material, derrubará as barreiras e distâncias geográficas e reduzirá, em muito, os custos com os estoques.

Artigo 4º

CAPÍTULO II – DA INTENÇÃO PARA REGISTRO DE PREÇOS

Art. 4º *Fica instituído o procedimento de Intenção de Registro de Preços – IRP, a ser operacionalizado por módulo do Sistema de Administração e Serviços Gerais – SIASG, que deverá ser utilizado pelos órgãos e entidades integrantes do Sistema de Serviços Gerais – SISG, para registro e divulgação dos itens a serem licitados e para a realização dos atos previstos nos incisos II e V do caput do art. 5º e dos atos previstos no inciso II e caput do art. 6º.*

§1º A divulgação da intenção de registro de preços poderá ser dispensada, de forma justificada pelo órgão gerenciador. (Redação dada pelo Decreto nº 8.250, de 2014)

§2º O Ministério do Planejamento, Orçamento e Gestão editará norma complementar para regulamentar o disposto neste artigo.

§3º Caberá ao órgão gerenciador da Intenção de Registro de Preços – IRP: (Incluído pelo Decreto nº 8.250, de 2014)

I – estabelecer, quando for o caso, o número máximo de participantes na IRP em conformidade com sua capacidade de gerenciamento; (Incluído pelo Decreto nº 8.250, de 2014)

II – aceitar ou recusar, justificadamente, os quantitativos considerados ínfimos ou a inclusão de novos itens; e (Incluído pelo Decreto nº 8.250, de 2014)

III – deliberar quanto à inclusão posterior de participantes que não manifestaram interesse durante o período de divulgação da IRP. (Incluído pelo Decreto nº 8.250, de 2014)

§4º Os procedimentos constantes dos incisos II e III do §3º serão efetivados antes da elaboração do edital e de seus anexos. (Incluído pelo Decreto nº 8.250, de 2014)

§5º Para receber informações a respeito das IRPs disponíveis no Portal de Compras do Governo Federal, os órgãos e entidades integrantes do SISG se cadastrarão no módulo IRP e inserirão a linha de fornecimento e de serviços de seu interesse. (Incluído pelo Decreto nº 8.250, de 2014)

§6º É facultado aos órgãos e entidades integrantes do SISG, antes de iniciar um processo licitatório, consultar as IRPs em andamento e deliberar a respeito da conveniência de sua participação. (Incluído pelo Decreto nº 8.250, de 2014)

Dentre as atribuições do Órgão Gerenciador, o decreto anterior determinava a realização de convite, mediante correspondência eletrônica ou outro meio eficaz, aos órgãos e entidades para participarem do registro de preços. Ao mesmo tempo, por inúmeras razões, o Ministério do Planejamento, Orçamento e Gestão (MPOG), fez surgir no âmbito do sistema COMPRASNET uma nova funcionalidade designada Intenção de Registro de Preços (IRP), que substituía o convite.

> A Intenção de Registro de Preços – IRP, que tem como finalidade permitir à Administração tornar públicas suas intenções de realizar Pregão ou Concorrência para Registro de Preços, com a participação de outros órgãos governamentais, que tenham interesse em contratar o mesmo objeto, possibilitando auferir melhores preços por meio de economia de escala. O Ministério do Planejamento Orçamento e Gestão, através da Secretaria de Logística e Tecnologia da Informação e do Departamento de Logística e Serviços Gerais, com amparo no Decreto nº. 3.931 de 19 de setembro de 2001, implantou a funcionalidade denominada "Intenção de Registro de Preços", tornando pública, no âmbito dos usuários do COMPRASNET as intenções de futuras licitações (Pregões Eletrônicos, Presencias e Concorrências) para Registro de Preços.[78]

[78] INTENÇÃO de Registro de Preços – IRP. Manual do Gerenciador. *Compras Net*, p. 4.

Edson Mazini Moura explica, com detalhes, o histórico e o funcionamento da IRP, ainda no âmbito do decreto revogado.

> Embora tal medida tenha trazido muitas vantagens para a Administração, principalmente a contratação de preços mais baixos em virtude da economia de escala provocada pela união das demandas de vários órgãos, muitos entes públicos não registravam IRP, pois o procedimento também era determinante para acréscimo de tarefas para o Órgão Gerenciador e aumento do tempo da fase interna da licitação. Após modificações pontuais, o módulo "Divulgação de Compras do SIASG" tornou obrigatória a divulgação da intenção de registrar preços antes de publicar o aviso de licitação para SRP. Na operacionalização, o órgão gerador da necessidade de realização de registro de preços para contratações futuras, deverá divulgá-la, por meio do IRP, com antecedência mínima de 5 dias, visando a adesão de outros órgãos interessados na contratação daquele mesmo objeto, via tela do COMPRASNET, incluindo os códigos dos itens de material e serviço que se deseja adquirir, o valor unitário estimado de cada item, local de entrega (Município) e quantidade. O acesso ao sistema IRP será disponibilizado para a função de pregoeiro, cabendo ao mesmo como gestor realizar o registro, bem como das decisões que o Sistema requer. É importante que o pregoeiro tenha em mãos o Termo de Referência para cadastrá-lo no Sistema. Outro procedimento importante — e que deve ser realizado imediatamente —, é a geração de uma lista selecionando os principais materiais e serviços que o órgão adquire ou contrata, sob a forma de registro de preços. A partir dessa relação os órgãos receberão e-mails, sempre que uma IRP for cadastrada e contiver itens que estejam nas respectivas listagens. Ao cadastrar uma IRP, o gestor deverá informar ainda o período de sua divulgação, o qual não poderá ser inferior a 5 dias úteis (período para as adesões), além de se estabelecer uma data provável para realização do certame. Em seguida, o gestor de compras de outro órgão poderá consultar o IRP criado e registrar seu interesse em participar do mesmo, selecionando via sistema o item para o qual tenha interesse e definindo o município para entrega. Após o término do período de divulgação, o gestor analisará as adesões registradas confirmando-as ou não no processo licitatório. A exclusão de uma adesão exigirá justificativa. As adesões aceitas serão incorporadas à demanda inicial do gestor que poderá transferi-la ao SIDEC – Sistema de Divulgação Eletrônica de Compras e Contratações, para que seja então gerado o aviso da licitação, não havendo a necessidade de se cadastrar novamente no sistema os itens a serem licitados. O gestor e os demais participantes

informarão o valor estimado de cada item, prevalecendo, no entanto, o valor estimado pelo gestor, que poderá alterar ou não essa informação. O sistema permite, durante o período de divulgação, que as informações registradas sejam alteradas, exceto a descrição do objeto. Para que seja alterada a descrição do objeto, o gestor terá que acionar a opção "Editar" a qual, nesse caso deletará todas adesões registradas, obrigando a este efetuar uma nova contagem de prazo. Antes de se concluir uma IRP qualquer informação poderá ser alterada. [79]

Sobre o assunto, a observação de Josevan Magalhães:

O gerenciador, ao alimentar IRP no COMPRASNET, em princípio significa que a fase interna do seu processo licitatório fora concluído, mormente o preço de referência e o respectivo parecer jurídico (§único do art. 38 da Lei 8.666/93). Logo, quando divulga a IRP, é para tão somente aguardar a adesão de órgãos participantes que tenham necessariamente a mesma necessidade do objeto a ser licitado. Dessa forma, o gerenciador computará todos os quantitativos do objeto em comum e realizará a licitação com maior poder de barganha. Observa-se que nenhum participante poderá acrescer qualquer objeto que não esteja originalmente contemplado pelo órgão gerenciador na IRP. Dessa sorte, a operação se resume a somar os quantitativos dos participantes com o do gerenciador (o sistema COMPRASNET realiza a somatória de forma automática).[80]

Agora, o regulamento oficializou a IRP, com operacionalização através de módulo do Sistema Integrado de Administração de Serviços Gerais (SIASG),[81] dispondo que, com

---

79 MOURA. Parecer Dadm-C/EM/06/C, de 13.11.2012.

80 MAGALHÃES. A Intenção de Registro de Preços (IRP) no Comprasnet: uma ferramenta de excelência na gestão pública. Por que não utilizá-la?.

81 Edson Mazini Moura detalha os sistemas com precisão: "Motivado pela necessidade de organização centralizada e informatização das atividades administrativas na esfera federal, foi instituído, por meio do Decreto nº 1.094/94, o Sistema de Serviços Gerais (SISG). Segundo estabelece o Decreto, por meio do SISG ficam organizadas, sob forma de sistema, as atividades de administração de edifícios públicos e imóveis residenciais, material, transporte, comunicações administrativas e documentação. Assim, a área de compras governamentais está organizada na forma de sistema (SISG), integrado por unidades administrativas distribuídas por todos os ministérios, autarquias e fundações públicas da administração federal. O órgão central do SISG é a Secretaria de Logística e Tecnologia da Informação (SLTI), que faz parte da estrutura do Ministério do Planejamento, Orçamento e Gestão (MPOG). A SLTI é responsável

utilização pelos órgãos e entidades integrantes do Sistema de Serviços Gerais (SISG), servirá para registro e divulgação dos itens a serem licitados e para a realização dos atos previstos nos incisos II e V do art. 5º (consolidação das informações relativas à estimativa individual e total de consumo, promovendo a adequação dos respectivos termos de referência ou projetos básicos encaminhados para atender aos requisitos de padronização e racionalização; e confirmação junto aos órgãos participantes a sua concordância com o objeto a ser licitado, inclusive quanto aos quantitativos e termo de referência ou projeto básico) e, principalmente, dos atos previstos no inciso II do art. 6º (manifestação por parte do Órgão Participante junto ao Órgão Gerenciador da concordância com o objeto a ser licitado, antes da realização do procedimento licitatório).

Registre-se que o *caput* do art. 6º prevê que o Órgão Participante será o responsável pela manifestação de interesse em participar do registro de preços, providenciando o

---

pela normatização e supervisão técnica das áreas de serviços gerais, incluindo a incumbência de elaborar normas e procedimentos para as compras e contratações no âmbito da administração federal. Concomitantemente à criação do SISG (art. 7º do mesmo Decreto nº 1.094/94), foi instituído o Sistema Integrado de Administração de Serviços Gerais (SIASG), que é o sistema de informatização e operacionalização do SISG. O SIASG é, portanto, a ferramenta de apoio informatizado aos processos de compras e contratações, as quais são geridas operacionalmente pelos gerentes das Unidades Administrativas de Serviços Gerais (UASG) de cada órgão da Administração Pública Federal. Fazem uso do Sistema SIASG compulsoriamente todos os integrantes do SISG, sendo que é permitida a inscrição facultativa de outros órgãos e entidades da administração federal. De acordo com os arts. 1º e 2º do Decreto nº 1.094/94, os órgãos e unidades da Administração Federal direta, autárquica e fundacional devem obrigatoriamente utilizar o sistema em seus procedimentos de compras e contratações. O uso do SIASG e seus módulos pelos comandos militares é facultativo (art. 1º, §2º, do Decreto nº 1.094/94). Os demais órgãos, como as empresas e sociedades de economia mista, não são obrigados a utilizá-lo, podendo, todavia, firmar termo de adesão para o uso. O SIASG foi sendo desenvolvido e incrementado em funcionalidades para dar suporte informatizado aos procedimentos do processo de compras e contratações. Desde sua criação foi desenvolvido um conjunto de subsistemas ou módulos integrantes daquele processo. Os módulos essenciais do SIASG estão conectados a plataforma *web*, dispondo de aplicativos para acesso por meio da internet (SiasgWeb), tendo como ponto de entrada o portal COMPRASNET, por meio do qual se tem acesso às principais funcionalidades dos subsistemas. O acesso integral a todas as funcionalidades se dá via Terminal Serpro (HOD)" (Parecer Dadm-C/EM/06/C, de 13.11.2012).

encaminhamento ao órgão gerenciador de sua estimativa de consumo, local de entrega e, quando couber, cronograma de contratação e respectivas especificações ou termo de referência ou projeto básico, nos termos da Lei nº 8.666/93 e da Lei nº 10.520/02, adequado ao registro de preços do qual pretende fazer parte.

Assim, os órgãos e entidades integrantes do SISG, quando desejarem participar de uma licitação por registro de preços, deverão registrar sua intenção no Portal de Compras do Governo Federal (COMPRASNET), através do mecanismo IRP.

O Decreto nº 8.250/14 alterou o §1º do dispositivo em análise. O texto original previa que a utilização do IRP só poderia ser dispensada na hipótese de justificativa da inviabilidade de sua adoção. Agora, permite-se a dispensa no caso de, em princípio, qualquer justificativa plausível apresentada pelo órgão gerenciador. A mudança visou à flexibilização da justificativa para a não utilização do IRP.

Como o Ministério do Planejamento, Orçamento e Gestão é o órgão eleito para estabelecer instruções sobre as licitações e congêneres, o §2º preconiza que a IRP será regulamentada por este ministério.[82]

O citado Decreto nº 8.250/14 foi pródigo nas inserções a este dispositivo, inserindo-lhe quatro novos parágrafos com regras procedimentais.

Inicialmente, insertou-lhe um terceiro parágrafo, com três incisos que dispõem sobre as condutas cabíveis ao órgão gerenciador da IRP.

Destarte, estatuiu que cumpre ao órgão gerenciador da IRP:

a) estabelecer o número máximo de participantes na IRP, em conformidade com sua capacidade de gerenciamento, quando for o caso;

---

82 Atualmente, há manual disponibilizado pelo MPOG, que, provavelmente, será atualizado. Para acesso, conectar <http://www.comprasnet.gov.br/> e clicar em: Serviço de Governo > SIASGWeb > SISRP > IRP.

b) aceitar ou recusar os quantitativos considerados ínfimos ou a inclusão de novos itens, justificadamente; e
c) deliberar quanto à inclusão posterior de participantes que não manifestaram interesse durante o período de divulgação da IRP.

Na primeira atuação cabível, qual seja, a possibilidade de limitação do número de órgãos participantes na IRP, evidencia-se que deverá levar em consideração a sua capacidade de gerenciamento.

A inserção foi elogiada por Flávia Daniel Vianna:

> Esta limitação é excelente, pois elimina o problema que estávamos vivenciando, na prática, quando uma IRP era divulgada, e apareciam duzentos ou mais órgãos participantes para aquele registro. Muitos órgãos obrigados a utilizar o IRP estavam, apenas por isso, deixando de adotar licitação por registro de preços.[83]

A aceitação ou recusa dos quantitativos considerados ínfimos ou a inclusão de novos itens são condutas já tradicionais na IRP que agora estão estatuídas no regulamento. Era descabida a sustentação de alguns no sentido de que o órgão gerenciador estava obrigado a aceitar entes que aspiravam participar do certame através quantitativo estimado ínfimo. Agora devidamente autorizado pela ferramenta regulamentar, o gerenciador deverá sopesar a situação, podendo efetuar o aceite ou não.

Da mesma forma, e ainda com mais razão, ao gerenciador cabe aceitar ou não a inclusão de novos itens, uma vez que, evidentemente, só ele tem real ciência de sua capacidade de gerenciamento.

Obviamente, para afastar qualquer hipótese de questionamento quanto a essas condutas, tanto o aceite quanto a recusa deverão ser devidamente justificados. Essa determinação deriva da regra imposta ao agente público no art. 50

[83] VIANNA, Flavia Daniel. *O que muda no SRP com o novo Decreto Federal nº 8.250, de 23 de maio de 2014.*

da Lei nº 9.784/99, que regula o processo administrativo no âmbito da Administração Pública federal, especificamente no seu inc. I, que impõe a motivação dos atos administrativos, com indicação dos fatos e dos fundamentos jurídicos, quando neguem, limitem ou afetem direitos ou interesses.

Por fim, dita o preceptivo que também caberá ao órgão gerenciador deliberar quanto à inclusão posterior de participantes que não manifestaram interesse durante o período de divulgação da IRP.

Assim, no surgimento intempestivo de um pretendente a participar, o órgão gerenciador poderá decidir aceitá-lo ou não.

Logicamente, tanto a decisão de aceitar ou recusar os quantitativos considerados ínfimos ou a inclusão de novos itens como a referente à inclusão posterior de participantes que não manifestaram interesse durante o período de divulgação da IRP, deverão se dar em data anterior à divulgação do edital. Destarte, o §4º, em texto de má técnica, informa que a deliberação deverá ocorrer antes da elaboração do edital e seus anexos.

O §5º, buscando ser informativo, com texto com vestes de manual, noticia que, para o recebimento de informações sobre as IRPs disponíveis no Portal do Governo Federal (COMPRASNET[84]), há a necessidade dos entes integrantes do SISG se cadastrarem no módulo IRP, com o adicionamento dos produtos e serviços de interesse.

Por fim, o §6º consigna mais uma obviedade: faculta aos entes integrantes do SISG, antes de iniciar um processo licitatório, a consulta as IRPs em andamento, de modo a decidirem sobre a conveniência de participação. Assim, num procedimento lógico, antes de instaurarem licitações de registro de preços, os entes poderão consultar as IRPs em andamento, decidindo sobre o caminho mais conveniente a ser seguido:

---

[84] Na verdade, hoje o *site* é <http://www.comprasgovernamentais.gov.br/>.

a participação de uma IRP disponível ou a efetivação de sua licitação.

Artigo 5º

CAPÍTULO III – DAS COMPETÊNCIAS DO ÓRGÃO GERENCIADOR

Art. 5º *Caberá ao órgão gerenciador a prática de todos os atos de controle e administração do Sistema de Registro de Preços, e ainda o seguinte:*

I – registrar sua intenção de registro de preços no Portal de Compras do Governo federal;

II – consolidar informações relativas à estimativa individual e total de consumo, promovendo a adequação dos respectivos termos de referência ou projetos básicos encaminhados para atender aos requisitos de padronização e racionalização;

III – promover atos necessários à instrução processual para a realização do procedimento licitatório;

IV – realizar pesquisa de mercado para identificação do valor estimado da licitação e, consolidar os dados das pesquisas de mercado realizadas pelos órgãos e entidades participantes, inclusive nas hipóteses previstas nos §§2º e 3º do art. 6º deste Decreto; (Redação dada pelo Decreto nº 8.250, de 2014)

V – confirmar junto aos órgãos participantes a sua concordância com o objeto a ser licitado, inclusive quanto aos quantitativos e termo de referência ou projeto básico;

VI – realizar o procedimento licitatório;

VII – gerenciar a ata de registro de preços;

VIII – conduzir eventuais renegociações dos preços registrados;

IX – aplicar, garantida a ampla defesa e o contraditório, as penalidades decorrentes de infrações no procedimento licitatório; e

X – aplicar, garantida a ampla defesa e o contraditório, as penalidades decorrentes do descumprimento do pactuado na ata de registro de preços ou do descumprimento das obrigações contratuais, em relação às suas próprias contratações.

XI – autorizar, excepcional e justificadamente, a prorrogação do prazo previsto no §6º do art. 22 deste Decreto, respeitado o prazo de vigência da ata, quando solicitada pelo órgão não participante. (Incluído pelo Decreto nº 8.250, de 2014)

O Órgão Gerenciador, previamente conceituado no inciso III do art. 2º — responsável pela condução do conjunto de procedimentos do certame para registro de preços e gerenciamento da ARP —, tem neste dispositivo a confirmação regulamentar de que é o responsável pela prática de todos os atos de gestão e controle do SRP, cabendo a ele:

1. *Registrar sua intenção de registro de preços no Portal de Compras do Governo Federal (inc. I)*

O decreto anterior previa que caberia ao Órgão Gerenciador convidar, mediante correspondência eletrônica ou outro meio considerado eficaz, os órgãos e/ou entidades para participação do registro de preços.

Na análise do artigo, comentamos que, apesar de coerente, não nos parecia que o dever fosse consentâneo com a realidade, pois, o convite normalmente não ocorreria, porquanto, quando da resolução do registro de preços no âmbito de uma secretaria ou um ministério, dar-se-ia a disseminação através de mecanismos internos próprios.

Com a evolução do sistema e a instituição da IRP, como disposto no art. 4º — já testado na prática no sistema COMPRASNET —, entendeu o elaborador do decreto regulamentar que a ferramenta suprirá a necessidade do convite.

2. *Consolidar informações relativas à estimativa individual e total de consumo, promovendo a adequação dos respectivos termos de referência ou projetos básicos encaminhados para atender aos requisitos de padronização e racionalização (inc. II)*

Como informado, os Órgãos Participantes devem encaminhar ao Órgão Gerenciador as suas pretensões. Munido de todas as necessidades dos daqueles órgãos, o Órgão Gerenciador do SRP consolidará as informações de modo a definir o(s) objeto(s) a ser(em) licitado(s).

A adequação mencionada está atrelada tanto à quantidade quanto à qualidade, especificações e características.

Apesar de parecer um trabalho simples, essa consolidação reveste-se de enorme importância, de vez que caberá ao Órgão Gerenciador, a partir do cômputo total de quantidades e especificações, definir se haverá lotes mínimos ou se a cotação será efetivamente por itens.

Bom exemplo prático dessa importante tarefa vem da prefeitura de Santo André/SP, cidade com cerca de 650 mil habitantes, conforme noticiou Patrícia Laczynski.[85] A prefeitura implantou o SRP juntamente com um processo de descentralização para compras e contratações de serviços. Foram criadas cinco comissões de licitações e cinco gerências de materiais (que coordenariam as atividades das comissões) em diversas secretarias. Para o registro de preços de materiais e produtos de uso comum, o Departamento de Materiais e Patrimônio, subordinado a uma secretaria, promove uma coleta de dados junto às unidades da Administração, levantando informações sobre as expectativas de consumo mensal e anual, especificações e exigências técnicas de qualidade dos produtos que se pretende adquirir para consumo futuro. A segunda etapa consiste no tratamento dos dados coletados, verificando-se os materiais que possuem especificações comuns e as quantidades máximas que poderão ser adquiridas. Nesta etapa, excluem-se materiais cujo consumo é pequeno e que não sejam de uso comum. O resultado da consolidação das informações demanda o Plano Anual de Compras.

---

85 *CAS – Ação Administrativa*, n. 162, com consultoria de Paulino Caetano <dicas@polis.com.br>.

Após a elaboração do plano, a prefeitura elabora a pesquisa de preços de mercado e realiza a licitação. Reveste-se de tarefa das mais difíceis, porquanto objetiva a reunião das expectativas de cada órgão participante.

3. *Promover os atos necessários à instrução processual para a realização do procedimento licitatório (inc. III)*

Como gestor da licitação, o Órgão Gerenciador é, evidentemente, o responsável pela instrução desse processo, isto é, instituirá a comissão de licitação que dará andamento ao certame; providenciará a confecção do edital; promoverá a divulgação devida da licitação; prontificará a minuta do contrato a ser celebrado; definirá a minuta da ARP, etc.

Interessante situação emerge no caso de publicação do aviso de edital de licitação quando a competição for o pregão eletrônico para registro de preços. Quando se iniciaria a contagem do prazo de publicidade do aviso de licitação? O pregão eletrônico é regulamentado pelo Decreto nº 5.450/05, com regras para publicação do aviso dispostas em seu art. 17, como a seguir:

> Art. 17 A fase externa do pregão, na forma eletrônica, será iniciada com a convocação dos interessados por meio de publicação de aviso, observados os valores estimados para contratação e os meios de divulgação a seguir indicados:
>
> I – até R$650.000,00 (seiscentos e cinqüenta mil reais): a) Diário Oficial da União; e
>
> b) meio eletrônico, na internet;
>
> II – acima de R$650.000,00 (seiscentos e cinqüenta mil reais) até R$1.300.000,00 (um milhão e trezentos mil reais): a) Diário Oficial da União; b) meio eletrônico, na internet; e c) jornal de grande circulação local;
>
> III – superiores a R$1.300.000,00 (um milhão e trezentos mil reais): a) Diário Oficial da União; b) meio eletrônico, na internet; e c) jornal de grande circulação regional ou nacional.

Verifica-se que, independentemente do valor do futuro contrato, serão obrigatórias as publicações na imprensa oficial e em meio eletrônico, por intermédio da internet. Não obstante a previsão do prazo de publicação do aviso em, no mínimo, 8 (oito) dias (entre a publicação do mesmo e a abertura da sessão), a ferramenta regulamentar não indica a partir de qual publicação terá início a sua contagem, sendo certo que, não raro, tais divulgações ocorrerão em datas distintas. Como as licitações alicerçam-se no princípio da competitividade, objetivando, em síntese, não frustrar, restringir ou prejudicar o amplo acesso e a competição entre os interessados, conclui-se que a contagem do prazo de publicação nesses pregões iniciar-se-á na data da ocorrência da última divulgação do aviso. Nesse raciocínio, também a dicção de Joel de Menezes Niebuhr: "[...] se for necessário publicar o aviso do edital na internet, no Diário Oficial da União e em jornal de grande circulação local e se tais publicações ocorrerem em dias diferentes, o prazo inicia-se apenas a partir da última das publicações".[86]

4. *Realizar pesquisa de mercado para identificação do valor estimado da licitação e consolidar os dados das pesquisas de mercado realizadas pelos órgãos e entidades participantes, inclusive nas hipóteses previstas nos §§2º e 3º do art. 6º deste Decreto (inc. IV)*

Atendendo ao determinado no §1º do art. 15 da Lei nº 8.666/93, o dispositivo determina a prévia pesquisa de mercado.

O texto trouxe uma novidade em relação ao decreto anterior. A aplicação prática do SRP demonstrou que, além da pesquisa procedida pelo Órgão Gerenciador, existiam, quase sempre, os levantamentos realizados pelos Órgãos Participantes. Destarte, a determinação atual obriga que o órgão gestor leve em consideração os dados pesquisados pelos demais participantes.

Complementando a redação do preceptivo, o Decreto nº 8.250/14 fez constar que o procedimento também é válido para as hipóteses previstas nos §§2º e 3º do art. 6º, situações

[86] NIEBUHR. *Pregão*: presencial e eletrônico, p. 351.

igualmente incorporadas no ato regulamentar pelo decreto, a saber:

> §2º No caso de compra nacional, o órgão gerenciador promoverá a divulgação da ação, a pesquisa de mercado e a consolidação da demanda dos órgãos e entidades da administração direta e indireta da União, dos Estados, do Distrito Federal e dos Municípios.
> §3º Na hipótese prevista no §2º, comprovada a vantajosidade, fica facultado aos órgãos ou entidades participantes de compra nacional a execução da ata de registro de preços vinculada ao programa ou projeto federal.

Verifica-se, portanto, que se estabeleceu uma ampliação da competência do órgão gerenciador para as compras nacionais.

5. *Confirmar junto aos órgãos participantes a sua concordância com o objeto a ser licitado, inclusive quanto aos quantitativos e termo de referência ou projeto básico (inc. V)*

Após a conjugação dos objetos e das especificações indicadas pelos Órgãos Participantes, é mais que prudente contatá-los, visando confirmação e concordância quanto ao objeto final a ser licitado. Essa ação reveste-se de procedimento simples, mas de suma importância para o êxito da licitação.

Sobre o mandamento, obtemperou José Carlos Baroni:

> Assim é que o SRP pressupõe a integração dos agentes administrativos de cada Órgão (Gerenciador e Participante), como também relação de colaboração entre órgãos e entidades. A confirmação, que pressupõe anuência, reforça confiança e certeza na utilização futura do SRP, não só pelo órgão Gerenciador como pelo Órgão Participante.[87]

6. *Realizar o procedimento licitatório (inc. VI)*

Em relação ao texto do decreto anterior, houve redução que buscou a simplificação. Mantém-se, todavia, todo o ditame antes estabelecido, que informava não só a realização do

---

[87] BARONI. *O Sistema de Registro de Preços*, p. 49.

procedimento licitatório, como os atos dele decorrentes, tais como a assinatura da Ata de Registro de Preços e o encaminhamento de sua cópia aos Órgãos Participantes.

Sendo dever do Órgão Gerenciador instaurar e dar andamento à licitação, também será de sua alçada todos os atos que decorram do certame, principalmente a assinatura da ARP, documento fundamental para o funcionamento do que se propõe com a competição, com o lógico encaminhamento de cópia aos órgãos e entidades participantes.

7. Gerenciar a Ata de Registro de Preços (inc. VII)

A gerência da ARP é tarefa das mais importantes, atribuída, coerentemente, ao Órgão Gerenciador.

Gerenciar é administrar, dirigir, tomar conta. Na hipótese, evidencia-se que o Órgão Gerenciador deve monitorar todos os aspectos da ata enquanto ela vigorar.

Na prática, esse gerenciamento é realizado por uma comissão designada para tal, a qual, entre diversas atribuições deverá: a) verificar as necessidades de itens em cada solicitação de fornecimento dos Órgãos Participantes; b) acompanhar os preços de mercado visando a realizar o devido reequilíbrio dos preços registrados, ou, em face de conclusões chegadas na pesquisas de preços, avaliar a equivalência com os preços registrados; c) manter contato e negociação com as empresas signatárias da ata buscando o reequilíbrio do preço, quando necessário; d) receber e avaliar os pedidos das empresas signatárias da ata; e) controlar os prazos de validade dos documentos apresentados pelas empresas signatárias da ata; f) fiscalizar e tomar decisões que objetivem corrigir irregularidades no processo; e g) providenciar a prorrogação da ata, se necessário.

8. Conduzir eventuais renegociações dos preços registrados (inc. VIII); aplicar, garantida a ampla defesa e o contraditório, as penalidades decorrentes de infrações no procedimento licitatório (inc. IX); e aplicar, garantida a ampla defesa e o contraditório, as penalidades decorrentes do descumprimento do pactuado na ata de registro de preços ou do descumprimento das obrigações contratuais, em relação às suas próprias contratações (inc. X)

Procedimentos de renegociação de preços (reequilíbrio), em decorrência de eventuais reduções dos praticados no mercado ou de fatos que elevem o custo dos bens ou serviços registrados — observadas as disposições contidas na alínea "d" do inciso II do art. 65 da Lei nº 8.666/93 (conforme previsto no art. 17 do decreto), bem como os referentes à aplicação de penalidades decorrentes de infrações no procedimento licitatório —, são atos inerentes ao gerenciamento. Compreendem, portanto, deveres do Órgão Gerenciador.

No que tange ao sancionamento, o ato regulamentar corrige distorção do decreto revogado, que registrava a aplicação de penalidades por descumprimento do pactuado na ARP. Tal fato causava enorme insegurança ao operador do regulamento, de vez que o §4º do mesmo artigo atribuía ao gestor do contrato (indicado pelo Órgão Participante), sob a coordenação do Órgão Gerenciador, a responsabilidade pela aplicação de eventuais penalidades que decorressem do descumprimento de cláusulas contratuais. O mau delineamento da matéria gerava incertezas, na aplicação prática, quanto ao efetivo sancionador, em face da enorme conexão entre a ARP e o contrato no SRP. A questão determinou que alguns intérpretes concluíssem que o instrumento regulamentar aduzia a dupla penalização por uma única falta, considerando que, não raro, o inadimplente numa contratação também se consignava descumpridor de compromisso assumido na ARP.

A interpretação sistemática dos dois dispositivos, entretanto, com a atribuição da adequada significação à norma, o estabelecimento do alcance e a superação de antinomias, afastava a dúvida e, em consequência, o falho entendimento.

No que se refere aos contratos administrativos, o regramento quanto às penalizações está delineado nos arts. 86 a 88 da Lei nº 8.666/93, sendo certo que, em se tratando de contratos (ou documentos que os substituam), o aplicador das sanções é o contratante, ou seja, na seara do SRP, normalmente o Órgão

Participante (ou mesmo o órgão "carona") e, eventualmente, o próprio Órgão Gerenciador, nas hipóteses dos contratos por ele celebrados.

No que tange ao desatendimento dos compromissos assumidos em contrato advindo de SRP, evidencia-se, entretanto, que o Órgão Gerenciador (gestor), por lógica, deva ser informado, de modo que possa adotar as providências necessárias em relação aos reflexos dessa sanção na ARP.

Nesse diapasão, afastando a incerteza implementada pelo decreto anterior, o parágrafo único do art. 6º dispõe que constitui tarefa do Órgão Participante a aplicação de penalidades decorrentes do descumprimento de obrigações contratuais, em relação às suas próprias contratações, informando as ocorrências ao Órgão Gerenciador.

Da mesma forma, o §7º do art. 22 disciplina que compete ao Órgão não Participante ("carona") os atos relativos à cobrança do cumprimento pelo fornecedor das obrigações contratualmente assumidas e a aplicação de eventuais penalidades decorrentes do descumprimento de cláusulas contratuais, em relação às suas próprias contratações, informando as ocorrências ao órgão gerenciador.

Evidentemente, conforme já esposado, caberá ao Órgão Gerenciador a aplicação das sanções decorrentes do descumprimento das obrigações contratuais, em relação às suas próprias contratações.

Impende anotar que o regime das penalizações administrativas implica a rígida observação ao devido processo legal, garantindo-se a ampla defesa e o contraditório.

9. *Autorizar, excepcional e justificadamente, a prorrogação do prazo previsto no §6º do art. 22 deste Decreto, respeitado o prazo de vigência da ata, quando solicitada pelo órgão não participante (inc. XI)*

Outra inserção do Decreto nº 8.250/14, o novo inciso elenca mais um ato de responsabilidade do órgão gerenciador: autorizar, em caráter excepcional, devidamente justificado, a prorrogação do prazo previsto no §6º do art. 22, respeitado o período de vigência da ARP, quando solicitada pelo Órgão Não Participante.

O citado parágrafo tem o seguinte texto:

> §6º Após a autorização do órgão gerenciador, o órgão não participante deverá efetivar a aquisição ou contratação solicitada em até noventa dias, observado o prazo de vigência da ata.

Logo, o inciso possibilitou que o Órgão Gerenciador prorrogue o prazo de 90 (noventa) dias que o Órgão Não Participante (carona) possui para concretizar a compra ou contração, após a aprovação de sua adesão na ARP.

Tal prorrogação deverá ser solicitada pelo Órgão Não Participante e autorizada exclusivamente pelo Órgão Gerenciador, devendo ser excepcional e justificada e desde que ainda vigente o prazo de validade da ARP.

Parágrafos 1º e 2º do artigo 5º

§1º A ata de registro de preços, disponibilizada no Portal de Compras do Governo federal, poderá ser assinada por certificação digital.

§2º O órgão gerenciador poderá solicitar auxílio técnico aos órgãos participantes para execução das atividades previstas nos incisos III, IV e VI do caput.

O decreto atualiza-se com os tempos de pleno uso da Tecnologia da Informação (TI), permitindo a disponibilização da ARP com a assinatura certificada digitalmente.

Como é cediço, com o advento da internet uma série de transações passaram a ser realizadas de maneira bastante ágil. Graças a ela são emitidos e recebidos milhares de documentos, acessam-se e disponibilizam-se inúmeras informações, fecham-se vários negócios, etc. Entrementes, da mesma maneira que a informática oferece meios para tudo isso, também é usada, cada vez mais, para fraudes de todo o tipo.

Sendo assim, evidencia-se que tais operações, ao serem procedidas por via eletrônica, precisam ser confiáveis e seguras. A solução para o atingimento dessa confiabilidade reside na certificação digital.

Consoante leciona Emerson Alecrim, a certificação digital, em sua essência, configura um tipo de tecnologia de identificação que permite que transações eletrônicas dos mais diversos tipos sejam realizadas considerando sua integridade, sua autenticidade e sua confidencialidade, de forma a evitar que adulterações, captura de informações privadas ou outros tipos de ações indevidas ocorram.[88]

Dessa forma, para que uma ARP disponibilizada na internet esteja revestida de confiabilidade, terá que estar dotada de certificação digital.

Registre-se que, no âmbito da Administração Pública federal, tal certificação deverá pautar-se no regramento preconizado no Decreto nº 3.966, de 31 de outubro de 2001, que dispõe sobre a prestação de serviços de certificação digital.

O §2º advém da aplicação da sistemática ao longo dos anos. Notou-se que, não raro, os Órgãos Participantes, por terem bastante experiência em certos objetos, detinham sólidos conhecimentos para uma efetiva colaboração na fase interna da competição licitatória. Destarte, buscando munir o órgão gestor da licitação de todas as ferramentas disponíveis, assegurando um certame bem elaborado, o dispositivo aponta para uma prática que poderia ocorrer independentemente de previsão regulamentar: o Órgão Gerenciador poderá solicitar auxílio técnico aos Órgãos Participantes para a: a) promoção de atos necessários à instrução processual do procedimento licitatório; b) realização de pesquisa de mercado para identificação do

---

88 ALECRIM. Entendendo a Certificação Digital.

valor estimado da licitação e consolidar os dados das pesquisas de mercado realizadas pelos órgãos e entidades participantes; e c) constituição do procedimento licitatório.

Artigo 6º

CAPÍTULO IV – DAS COMPETÊNCIAS DO ÓRGÃO PARTICIPANTE

Art. 6º *O órgão participante será responsável pela manifestação de interesse em participar do registro de preços, providenciando o encaminhamento ao órgão gerenciador de sua estimativa de consumo, local de entrega e, quando couber, cronograma de contratação e respectivas especificações ou termo de referência ou projeto básico, nos termos da Lei nº 8.666, de 21 de junho de 1993, e da Lei nº 10.520, de 17 de julho de 2002, adequado ao registro de preços do qual pretende fazer parte, devendo ainda:*

I – garantir que os atos relativos a sua inclusão no registro de preços estejam formalizados e aprovados pela autoridade competente;

II – manifestar, junto ao órgão gerenciador, mediante a utilização da Intenção de Registro de Preços, sua concordância com o objeto a ser licitado, antes da realização do procedimento licitatório; e

III – tomar conhecimento da ata de registros de preços, inclusive de eventuais alterações, para o correto cumprimento de suas disposições.

§1º Cabe ao órgão participante aplicar, garantida a ampla defesa e o contraditório, as penalidades decorrentes do descumprimento do pactuado na ata de registro de preços ou do descumprimento das obrigações contratuais, em relação às suas próprias contratações, informando as ocorrências ao órgão gerenciador. (Incluído pelo Decreto nº 8.250, de 2014)

§2º No caso de compra nacional, o órgão gerenciador promoverá a divulgação da ação, a pesquisa de mercado e a consolidação da demanda dos órgãos e entidades da administração direta e indireta da União, dos Estados, do Distrito Federal e dos Municípios. (Incluído pelo Decreto nº 8.250, de 2014)

§3º Na hipótese prevista no §2º, comprovada a vantajosidade, fica facultado aos órgãos ou entidades participantes de compra nacional a execução da ata de registro de preços vinculada ao programa ou projeto federal. (Incluído pelo Decreto nº 8.250, de 2014)

§4º Os entes federados participantes de compra nacional poderão utilizar recursos de transferências legais ou voluntárias da União, vinculados aos processos ou projetos objeto de descentralização e de recursos próprios para suas demandas de aquisição no âmbito da ata de registro de preços de compra nacional. (Incluído pelo Decreto nº 8.250, de 2014)

§5º Caso o órgão gerenciador aceite a inclusão de novos itens, o órgão participante demandante elaborará sua especificação ou termo de referência ou projeto básico, conforme o caso, e a pesquisa de mercado, observado o disposto no art. 6º. (Incluído pelo Decreto nº 8.250, de 2014)

§6º Caso o órgão gerenciador aceite a inclusão de novas localidades para entrega do bem ou execução do serviço, o órgão participante responsável pela demanda elaborará, ressalvada a hipótese prevista no §2º, pesquisa de mercado que contemple a variação de custos locais ou regionais. (Incluído pelo Decreto nº 8.250, de 2014)

Afirma-se, sem hesitação, que, em sede de licitação, uma das maiores dificuldades da Administração reside na definição precisa do objeto a ser licitado.

Benedicto de Tolosa e Renata Tolosa Payá observam que tal dificuldade — ou mesmo a falta de vontade política para bem equipar o Poder Público com mecanismos semelhantes ao setor privado — tem gerado insegurança tanto aos órgãos licitadores quanto aos licitantes, o que, além de favorecer sobremaneira a corrupção por intermédio da realização de aquisições dirigidas, constitui fator preponderante para o desperdício do dinheiro público.[89]

---

[89] TOLOSA FILHO; PAYÁ. *Entendendo, implantando e mantendo o sistema de registro de preços*, p. 15.

Esquecem-se os agentes públicos da existência de lei federal que institui o regime obrigatório de preparo e observância das normas técnicas nos contratos de obras e compras do serviço público através da Associação Brasileira de Normas Técnicas (ABNT) (Lei nº 4.150, de 21 de novembro de 1962). Segui-la, certamente, afastaria a ocorrência de prejuízos e irregularidades.

Além de demonstrar o interesse em participar do registro de preços, o Órgão Participante deverá transmitir ao Órgão Gerenciador todas as condições para que se desenvolva a especificação do objeto de forma clara. Essas condições — que envolvem estimativa de consumo, local de entrega, cronograma de contratação presumido e especificações ou projeto básico/termo de referência — devem partir de bases sólidas, histórico confiável e, no que tange às especificações, a maior adequação possível aos padrões técnicos dispostos pela ABNT.

Além de se responsabilizar pelo envio ao Órgão Gerenciador de todos os dados referentes ao objeto pretendido, o Órgão Participante possui ainda os seguintes encargos: a) garantir que os atos relativos à inclusão no registro de preços estejam formalizados e aprovados pela autoridade competente; b) manifestar, junto ao Órgão Gerenciador, mediante a utilização da IRP, sua concordância com o objeto a ser licitado, antes da realização do procedimento licitatório; e c) tomar conhecimento da ARP, inclusive de eventuais alterações, para o correto cumprimento de suas disposições.

Quanto à última incumbência, verifica-se que, na verdade, trata-se de obrigação a quatro mãos, de vez que, é claro, está o Órgão Gerenciador obrigado — muito mais do que o Órgão Participante — a informar tempestivamente as ocorrências de alteração na ARP.

Não há na norma nenhuma indicação quanto ao canal a ser adotado para essa comunicação. Entendemos que a formalização (meio escrito e assinado por agente competente) é o caminho adequado. Com vistas à celeridade, é conveniente o uso de meio magnético com autenticação criptográfica ou mecanismo similar (assinatura eletrônica), tal como já se faz, no âmbito das licitações, nos pregões eletrônicos.

Parágrafo 1º do artigo 6º

§1º Cabe ao órgão participante aplicar, garantida a ampla defesa e o contraditório, as penalidades decorrentes do descumprimento do pactuado na ata de registro de preços ou do descumprimento das obrigações contratuais, em relação às suas próprias contratações, informando as ocorrências ao órgão gerenciador.

O dispositivo — que teve intervenção por parte do Decreto nº 8.250/14 tão somente na numeração (no decreto original constituía o parágrafo único do artigo) — atribui ao Órgão Participante a responsabilidade de aplicação das sanções decorrentes do descumprimento do pactuado na ARP ou do descumprimento das obrigações contratuais, em relação às suas próprias contratações, informando as ocorrências ao Órgão Gerenciador. A regulamentação diverge da prevista no decreto anterior. Certamente, a intenção foi a de reduzir o trabalho do Órgão Gerenciador, já bastante assoberbado, permitindo a realização desse mister pelo próprio Órgão Participante, quando o descumprimento das obrigações assumidas na ARP se relacionarem com as suas contratações.

No mais, também caberá ao Órgão Participante verificar se o contratado cumpre com fidelidade as cláusulas contratuais, aplicando-lhe a penalização devida (prevista contratualmente), além de manter o Órgão Gerenciador ciente de qualquer falha do contratado concernente ao atendimento ao acordado, comunicando-o também na ocorrência de recusa em assinar contrato.

A nosso ver, alguns dispositivos que constavam do decreto revogado — e suprimidos no ora apreciado — circunscreviam ótimas determinações. Dispunha o texto suprimido que seria de atribuição do Órgão Participante a indicação do gestor do contrato, ao qual, além das atribuições previstas no art. 67 da Lei nº 8.666/93, competiria assegurar-se, quando do uso da ARP, que a contratação a ser procedida atendia aos interesses de seu órgão, sobretudo quanto aos valores praticados; informar ao Órgão Gerenciador, quando de sua ocorrência, a recusa do fornecedor em atender às condições estabelecidas em edital, firmadas na ata, as divergências relativas à entrega, as características e origem dos bens licitados; e participar a recusa em assinar contrato para fornecimento ou prestação de serviços.

O gestor (ou fiscal) do contrato é peça fundamental na contratação. Sendo assim, apesar da supressão, entrevemos que permanecem válidas as indicações do decreto revogado.

O gestor/fiscal do contrato deverá ser um agente público indicado pela autoridade competente do Órgão Participante.

Para dar azo ao assunto, o dispositivo fazia remissão ao art. 67 da Lei nº 8.666/93, o qual se refere ao acompanhamento e à fiscalização do contrato.

O art. 58 da Lei nº 8.666 (inc. III) atribui à Administração a prerrogativa de fiscalizar a execução dos contratos por ela celebrados. Para consecução desse poder-dever, nos termos do art. 67, deve o Poder Público designar um fiscal, a quem caberá acompanhar a execução contratual. Segundo o dispositivo, o fiscal deverá fazer parte dos quadros de funcionários da Administração, podendo, todavia, ser assistido ou subsidiado por terceiros estranhos aos quadros públicos, o que, é claro, demandará nova contratação. Informamos, ao analisar o dispositivo, que a permissão se justifica para certos objetos, especialíssimos, nos quais a Administração não possui no seu elenco de agentes um especialista que detenha conhecimentos para acompanhar razoavelmente a execução.[90]

---

[90] BITTENCOURT. *Licitação passo a passo*: comentários a todos os artigos da Lei nº 8.666/93, com as alterações estabelecidas pelas Leis nº 8.883/94, 9.032/95, 9.648/98 e 9.854/99, p. 358.

A própria Lei nº 8.666/93 exemplifica a possibilidade quando, no §1º do art. 9º, expressamente autoriza a participação do autor responsável pela elaboração dos projetos básico ou executivo de obras ou serviços como consultor ou técnico na tarefa de fiscalização da execução contratual.

Para pôr em prática a fiscalização da execução contratual, o fiscal verificará a fiel correspondência entre o previsto no contrato e o efetivamente executado. Detectadas disparidades, determinará, dentro de sua órbita de ação, a regularização dos defeitos, e, ao mesmo tempo, registrará em livro próprio todas as ocorrências e discrepâncias observadas.

Em situações consideradas mais complexas pelo fiscal, nas quais não se sinta em condições de interferir, deverá transmitir, de imediato, as informações ao agente superior competente, para que tome as providências necessárias.

Parágrafos 2º a 4º do artigo 6º

§2º No caso de compra nacional, o órgão gerenciador promoverá a divulgação da ação, a pesquisa de mercado e a consolidação da demanda dos órgãos e entidades da administração direta e indireta da União, dos Estados, do Distrito Federal e dos Municípios. (Incluído pelo Decreto nº 8.250, de 2014)

§3º Na hipótese prevista no §2º, comprovada a vantajosidade, fica facultado aos órgãos ou entidades participantes de compra nacional a execução da ata de registro de preços vinculada ao programa ou projeto federal. (Incluído pelo Decreto nº 8.250, de 2014)

§4º Os entes federados participantes de compra nacional poderão utilizar recursos de transferências legais ou voluntárias da União, vinculados aos processos ou projetos objeto de descentralização e de recursos próprios para suas demandas de aquisição no âmbito da ata de registro de preços de compra nacional. (Incluído pelo Decreto nº 8.250, de 2014)

Os parágrafos 2º a 4º, inseridos pelo Decreto nº 8.250/14, estão voltados para as compras nacionais, definidas no inc. VI do art. 2º, ou seja, aquelas em que o Órgão Gerenciador conduz os procedimentos para registro de preços destinado à execução descentralizada de programa ou projeto federal, mediante prévia indicação da demanda pelos entes federados beneficiados.

Nesse diapasão, o Órgão Gerenciador deverá divulgar a ação da compra nacional, a pesquisa de mercado e a consolidação da demanda de todos os entes federativos (órgãos e entidades da administração direta e indireta) ficando facultado aos participantes do projeto a utilização da ARP, desde que reste comprovada a vantagem no uso, sendo-lhes possível, ainda, valer-se dos recursos oriundos de transferências obrigatórias ou voluntárias da União, vinculados aos processos ou projetos objeto de descentralização e de recursos próprios para suas demandas de aquisição no âmbito da ata de compra nacional.

Como já esposado, ao tratar da matéria, Loreni Foresti, Secretária de Logística e Tecnologia da Informação do MPOG, sublinhou, com entusiasmo, que as mudanças objetivam estabelecer mecanismos para agilizar o processo de compras governamentais compartilhadas, além de regulamentar as aquisições por meio de compras nacionais.

Flavia Daniel Vianna tem opinião diversa, sustentando que essa inclusão não parece estar vinculada às chamadas compras compartilhadas:

> Essa inclusão não me parece, a princípio, estar vinculada às chamadas "compras compartilhadas", procedimento este já existente desde 2008 no governo federal e, em vista dos benefícios gerados, houve a criação da Central de Compras e Contratações no âmbito do executivo federal, para implantação das compras compartilhadas de alguns bens e serviços comuns por órgãos da Administração Direta do Poder Executivo, sendo facultada a participação de entidades da Administração Indireta do Poder Executivo Federal, conforme previsão nos §§1º e 2º do art. 13 do Decreto 8189/14. O âmbito de utilização das compras compartilhadas é muito mais restrito do que

> o previsto para as compras nacionais [...]. Nada impede, todavia, que as compras compartilhadas que alude o Decreto 8189/14, também utilizem licitações por registro de preços, apesar dos dois institutos não se confundirem de forma alguma, uma vez que as compras compartilhadas visam aquisições certas e específicas, enquanto o registro de preços é utilizado para futuras e eventuais contratações.[91]

Para confirmar seu opinamento, traz à baila a observação de Gabriela Lira Borges:

> O SRP se destina a atender necessidades futuras e potenciais, ao passo que as licitações conjuntas objetivam atender às necessidades concretas, bem delineadas. [...] As licitações conjuntas compreendem, como o próprio termo sugere, a fase externa do procedimento. Assim, caberá a cada um dos órgãos ou entidades envolvidos realizar o planejamento de sua contratação.[92]

Não obstante, verifica-se que governo federal busca utilizar sim o sistema de registro de preços nas suas "compras compartilhadas", haja vista o preconizado na Instrução Normativa SLTI nº 10/2012, instituidora de regras para elaboração dos Planos de Gestão de Logística Sustentável de que trata o art. 16 do Decreto nº 7.746/2012,[93] que após estabelecer no art. 1º a instituição de regras para elaboração desses planos, prescreve no inc. XI do art. 2º que, para os fins da instrução, compra compartilhada é contratação para um grupo de participantes previamente estabelecidos, na qual a responsabilidade de condução do processo licitatório e gerenciamento da ata de registro de preços serão de um órgão ou entidade da Administração Pública Federal.

---

91 VIANNA, Flavia Daniel. *O que muda no SRP com o novo Decreto Federal nº 8.250, de 23 de maio de 2014.*

92 BORGES, Gabriela Lira. *Licitações conjuntas, dever de licitar e eficiência na contratação pública*, ILC, Zênite n. 242, abril de 2014.

93 Que regulamenta o art. 3º da Lei nº 8.666/93, para estabelecer critérios, práticas e diretrizes para a promoção do desenvolvimento nacional sustentável nas contratações realizadas pela Administração Pública Federal, e institui a Comissão Interministerial de Sustentabilidade na Administração Pública (CISAP).

Sobre a matéria, observamos em outro trabalho:

> Dentre as novidades, registra-se o incentivo às compras compartilhadas, que se dão, consoante o inc. XI do art. 2º da IN SLTI nº 10/2012, por intermédio do uso do Sistema de Registro de Preços – SRP, voltadas para um grupo de participantes previamente estabelecidos. Apesar de pouco utilizada, a licitação compartilhada possui vetusta autorização legal. Quando o art. 112 da Lei nº 8.666/93 prevê, na hipótese do objeto do contrato interessar a mais de uma entidade pública, que caberá ao órgão contratante, perante a entidade interessada, responder pela sua boa execução, fiscalização e pagamento, estava fazendo menção direta ao compartilhamento da competição. Posteriormente, a Lei nº 11.107, de 6.04.2005 (que dispôs sobre normas gerais de contratação de consórcios públicos),[94] deu ênfase ao compartilhamento licitatório e definiu que os consórcios públicos poderiam realizar licitação da qual decorressem contratos administrativos celebrados por órgãos ou entidades dos entes da Federação consorciados (alteração do §1º do art. 112). Em seguida, o Decreto nº 6.017, de 17.01.2007, regulamentando a Lei nº 11.107/2005, autorizou, no art. 19, que os consórcios públicos, se constituídos para tal fim, poderiam realizar licitação prevendo contratos a serem celebrados pela Administração direta ou indireta dos entes da Federação consorciados, nos termos do §1º do art. 112 da Lei nº 8.666/93.
>
> A adoção das licitações compartilhadas consigna, indubitavelmente, uma solução interessante para um problema que aflige os aplicadores das licitações sustentáveis: o não alcance de alguns produtos sustentáveis da economia de escala necessária para possuírem preços competitivos.[95]

---

94 O instituto consórcio público surgiu com a Emenda Constitucional nº 19/98, que alterou o art. 241 da CF, dando-lhe a seguinte redação: "A União, os Estados, o Distrito Federal e os Municípios disciplinarão por meio de lei os consórcios públicos e os convênios de cooperação entre os entes federados, autorizando a gestão associada de serviços públicos, bem como a transferência total ou parcial de encargos, serviços, pessoal e bens essenciais à continuidade dos serviços transferidos".

95 BITTENCOURT, Sidney. *Licitações Sustentáveis*. O uso do poder de compra do estado fomentando o desenvolvimento nacional sustentável. Del Rey, 2014.

Parágrafos 5º e 6º do artigo 6º

§5º Caso o órgão gerenciador aceite a inclusão de novos itens, o órgão participante demandante elaborará sua especificação ou termo de referência ou projeto básico, conforme o caso, e a pesquisa de mercado, observado o disposto no art. 6º. (Incluído pelo Decreto nº 8.250, de 2014)

§6º Caso o órgão gerenciador aceite a inclusão de novas localidades para entrega do bem ou execução do serviço, o órgão participante responsável pela demanda elaborará, ressalvada a hipótese prevista no §2º, pesquisa de mercado que contemple a variação de custos locais ou regionais. (Incluído pelo Decreto nº 8.250, de 2014)

Consoante o previsto no §5º, na hipótese de o Órgão Gerenciador aceitar a inclusão de novo item, que vise atender ao interesse específico de determinado Órgão Participante, este deverá elaborar a especificação do objeto (projeto básico ou termo de referência) bem como a respectiva pesquisa de mercado.

Outra hipótese, também voltada para atender aos anseios de um Órgão Participante, é indicação de novos locais para a entrega de um item ou a execução de um serviço (§6º). Nesse caso, o Órgão Participante responsável deverá assumir o encargo da pesquisa de mercado, levando em consideração a variação de custos locais ou regionais, com exceção, é claro, na contingência de compra nacional.

Artigo 7º

CAPÍTULO V – DA LICITAÇÃO PARA REGISTRO DE PREÇOS

Art. 7º *A licitação para registro de preços será realizada na modalidade de concorrência, do tipo menor preço, nos termos da Lei nº 8.666, de*

1993, ou na modalidade de pregão, nos termos da Lei nº 10.520, de 2002, e será precedida de ampla pesquisa de mercado.

§1º O julgamento por técnica e preço, na modalidade concorrência, poderá ser excepcionalmente adotado, a critério do órgão gerenciador e mediante despacho fundamentado da autoridade máxima do órgão ou entidade. (Redação dada pelo Decreto nº 8.250, de 2014)

Antes só permitida na modalidade licitatória concorrência, em função da criação do pregão pela Lei nº 10.520/02, a competição através do SRP passou a ser admitida nessa modalidade. De regra, estabelecer-se-á por intermédio do tipo *menor preço*. Excepcionalmente, como consignado no §1º, o Órgão Gerenciador poderá optar pelo tipo *técnica e preço*, mediante fundamentação detalhada de sua autoridade máxima.

> TCU – Acórdão 2118/2008 Plenário – Os tipos de licitação [...] "técnica e preço" serão utilizados exclusivamente para serviços de natureza predominantemente intelectual, em especial na elaboração de projetos, cálculos, fiscalização, supervisão e gerenciamento e de engenharia consultiva em geral.

Tipos licitatórios são critérios diferenciados, estabelecidos na Lei nº 8.666/93, para o desenvolvimento da licitação, referem-se, portanto, ao modelo de decisão na escolha do vencedor da competição.

Consoante o inc. I do §1º do art. 45 da Lei nº 8.666/93, aplicar-se-á o tipo *menor preço* quando a seleção da proposta mais vantajosa para a Administração determinar que será vencedor o licitante que apresentar a proposta de acordo com as especificações do edital e ofertar o menor preço. É, portanto, critério cujo preço nominal é fator determinante.[96]

---

[96] TCU – Acórdão nº 2301/2009 – Plenário: Abstenha-se de incluir critério técnico de julgamento em licitação do tipo menor preço, em obediência a disposição contida no art. 45, §5º, da Lei nº 8.666/1993.

Nele, a classificação se dá pela ordem crescente dos preços propostos.[97]

Registre-se que o legislador da Lei nº 8.666/93 conceituou a licitação do tipo *menor preço*, mas esqueceu-se dos demais tipos. Não obstante, é possível colher as definições na apreciação da redação do art. 46, que busca definir a forma de utilização das licitações dos tipos restantes. Verificar-se-á, assim, que a licitação do tipo *melhor técnica* tem como propósito a prestação de um objeto mais adequado qualitativamente, teoricamente buscando-se qualidade em vez de preço. Como o nome informa, nela há uma conjugação de técnica e preço, objetivando a contratação de objeto que possua certo grau de qualidade, mas também com um preço favorável para a Administração. Em síntese, as propostas recebem uma nota que leva em conta a técnica e o preço (com pesos na composição da nota definidos no instrumento convocatório), vencendo o certame, enfim, a melhor nota.

Definimos a licitação do tipo *técnica e preço*:

> Consiste num cotejo entre preço e técnica. A proposta vencedora resulta da média ponderada das notas atribuídas à técnica e ao preço, considerando pesos e critérios do edital (exemplos de fatores técnicos: prazo de entrega, qualidade, padronização, metodologia, tecnologias, recursos materiais a serem utilizados para a realização do objeto licitado, entre outros).[98]

O art. 46 da Lei nº 8.666/93 disciplina de forma bem confusa os passos para a realização de licitação do tipo *melhor técnica*, que, como dispõe o diploma, são os mesmos procedimentos iniciais da licitação do tipo *técnica e preço* (conforme §2º).

---

[97] Registramos no livro a *Licitação Passo a Passo*: "A adoção do tipo menor preço não significa a compra de produtos de má qualidade. As licitações desse tipo devem primar por indicação de especificações no ato convocatório, de modo que a Administração possa afastar proposições que, embora com preço baixo, não atendam as especificações estabelecidas".

[98] BITTENCOURT. *Licitações para concursos públicos*, p. 126.

Nesse passo, para a concretização de uma licitação do tipo *técnica e preço*, seguir-se-á o fluxo abaixo:

a) abertura dos envelopes contendo as propostas técnicas, exclusivamente dos licitantes "previamente qualificados", isto é, dos licitantes que ultrapassaram a fase habilitatória;

b) classificação das propostas de acordo com os critérios estabelecidos com objetividade e clareza no edital, que deverão cingir-se à avaliação da capacitação e experiência, qualidade técnica (compreendendo metodologia, organização, tecnologias e recursos materiais a serem utilizados na execução do objeto pretendido) e a qualificação das equipes técnicas a serem mobilizadas para tal execução.
É de se relembrar que as avaliações técnicas dizem respeito à proposição do licitante e não às referentes à fase de habilitação, que, como mencionado em a), nesse momento já foi superada com a abertura dos envelopes de preços dos licitantes classificados que tenham atingido a valorização mínima estabelecida no edital;

c) negociação com o licitante melhor classificado tecnicamente, tendo como parâmetro o valor da proposta do licitante classificado que apresentou o menor preço;

d) havendo impasse nas negociações, isto é, não ocorrendo o aceite daquele licitante que apresentou a melhor proposta técnica, proceder-se-á sucessivamente a negociação com os demais, na ordem de classificação;

e) julgamento das propostas de preços (avaliação e valorização) de acordo com critérios objetivos preestabelecidos no instrumento convocatório da licitação; e

f) adoção de média ponderada, considerando as notas de propostas técnicas e de preço, com base em pesos também preestabelecidos no edital.

Discute-se até hoje se nas licitações de melhor técnica e de técnica e preço facultar-se-ia ao agente público a adoção de dois envelopes: um para a proposta técnica e outro para o preço. Para alguns, por tratar-se da fase classificatória, descaberiam dois envelopes. Um só comportaria as propostas de técnica e de preço. Esse critério, além de não ser nada operacional — motivo mais do que suficiente para descarte —, também se encontra legalmente descompassado, como se verifica nos termos dos dispositivos.

Da simples leitura do §1º e incisos do art. 46 extrai-se que o diploma impõe a utilização de dois envelopes. O inciso I determina, inicialmente, que "serão abertos os envelopes contendo as propostas técnicas". O inciso seguinte prescreve que "uma vez classificadas as propostas técnicas, proceder-se-á à abertura das propostas de preço". Claro está, portanto, que existirão dois envelopes.

Reforça o posicionamento o esposado no inciso IV do mesmo dispositivo, não permitindo pairar dúvidas quanto à ocorrência de envelopes díspares, que pontua que "as propostas de preços serão devolvidas intactas aos licitantes que não forem preliminarmente habilitados ou que não obtiverem a valorização mínima estabelecida para a proposta técnica". Ora, quando a lei prevê a devolução das propostas de preços intactas, está diretamente informando que os envelopes com as propostas de preços, inviolados, deverão, no caso, ser restituídos.[99]

Avaliando o assunto, o Advogado da União Francisco Rezende Filho, em percuciente e detalhado parecer, asseverou:

> Conforme já amplamente discutido, no tipo de licitação de técnica e preço, temos dois caminhos que julgamos os mais indicados, diante da grande discussão que impera sobre o tema.

[99] No mesmo sentido, TOLOSA FILHO; SAITO. *Manual de licitações e contratos administrativos*: de acordo com a Lei Federal nº 8.666/93, com as alterações introduzidas pela Lei Federal nº 8.883/94: comentários, modelos de editais, atas, recursos, decisões do Tribunal de Contas, citações da legislação paulista, p. 26; SUNDFELD. *Licitação e contrato administrativo*: de acordo com as leis 8.666/93 e 8.883/94, p. 161; e RIGOLIN; BOTTINO. *Manual prático das licitações*: Lei nº 8.666/93, p. 177.

Por maioria esmagadora, entende a doutrina que, para a modalidade de licitação concorrência é necessário que o edital exija três envelopes, sendo, pela ordem: habilitação, técnica e preço. Para esse procedimento a comissão de licitação deve abrir os envelopes, individualmente, restando, pois, a possibilidade do licitante não ter o envelope referente ao preço aberto. Não satisfazendo na avaliação técnica o exigido pelo edital (parâmetro mínimo), a desclassificação deverá ocorrer sem que o preço seja conhecido.

Há, porém, quem defenda a tese de que as propostas, técnica e de preço, sejam apresentadas num mesmo envelope, pois dessa forma se ganharia tempo, o que não ocorre com o procedimento acima mencionado, pois tanto para abertura dos envelopes de proposta técnica como de preço, seria necessário, individualmente, que fosse observado o prazo recursal. Os que se opõem a essa forma de proceder (as duas propostas juntas) alegam que não seria correto o licitante ser desclassificado em técnica e ter o seu preço conhecido por todos.

Anote-se que Vera Lúcia de Almeida Corrêa, tratando da matéria, apesar de concluir pela racionalidade do uso de dois envelopes, sustenta que a adoção de apenas um não caracterizaria ilegalidade:

Os proponentes considerados habilitados terão os envelopes de proposta técnica abertos e julgados pela comissão, de acordo com os requisitos do edital. Nesta fase de julgamento o procedimento da licitação de técnica e preço desdobra-se em dois momentos. No primeiro, a Comissão analisará as propostas técnicas dos proponentes habilitados, no que diz respeito aos requisitos indispensáveis e aos requisitos pontuáveis. Havendo descumprimento dos requisitos indispensáveis, o licitante será desclassificado por descumprimento do edital, abrindo-se o prazo recursal. Nesse caso, as propostas de preços deverão permanecer fechadas até a decisão sobre o recurso administrativo. Note-se que nem a Lei nº 8.666/93, no artigo 46, nem o Decreto nº 1.070/94[100] deixam claro esse procedimento. Dessa forma, aqueles que praticam a abertura das propostas técnicas e de preços no mesmo momento não estariam contrariando a legislação. Recomendamos, porém, separar esses momentos no sentido de preservar a concorrência de mercado, isto é, não há sentido em tornar públicos preços das empresas que não estão mais aptas a participar da licitação.[101]

---

[100] Revogado pelo Decreto nº 7.174/10, que regulamenta a contratação de bens e serviços de informática e automação pela Administração Pública federal, direta ou indireta, pelas fundações instituídas ou mantidas pelo Poder Público e pelas demais organizações sob o controle direto ou indireto da União.

[101] CORRÊA. *Licitações de bens e serviços de informática e automação*: procedimentos do Decreto nº 1.070/94, com as modificações introduzidas pela Emenda Constitucional nº 06/95, p. 10-11.

Ressalta relembrar que a legislação do pregão não autoriza o uso da licitação do tipo técnica e preço, só permitindo, em face das peculiaridades dessa modalidade, o tipo menor preço. Desse modo, está afastada a possibilidade de uso do tipo técnica e preço quando o agente público estiver adotando o pregão para registrar preços.

Nesse contexto, para afastar qualquer dúvida, o Decreto nº 8.250/14 alterou a redação do §1º do artigo em análise, fazendo contar, expressamente, que a modalidade licitatória para o uso do tipo técnica e preço é unicamente a concorrência.

Assim, caso esteja adotando a concorrência, tendo optado pelo tipo técnica e preço, deverá a Administração percorrer todos os caminhos do fluxo antes delineado para, posteriormente, registrar os preços devidos.

Considerando as características inovadoras da modalidade pregão, bem como o emaranhado legislativo que envolve as duas modalidades licitatórias passíveis de adoção no certame de registro de preços, verificam-se dificuldades não só na confecção do edital do pregão, como no próprio procedimento a ser levado a efeito pelo pregoeiro (agente público indicado para conduzir o pregão, conforme preconiza a Lei nº 10.520/02).

Destarte, para a elaboração do edital (e para consideração no procedimento), levar-se-ão em conta: a Lei nº 10.520/02 (instituidora do pregão); o Decreto nº 7.892/13, ora apreciado (regulamentar do SRP); o Decreto nº 3.555/00 (regulamentar do pregão presencial); o Decreto nº 5.450/05 (regulamentar do pregão eletrônico); e a Lei nº 8.666/93 (Estatuto de Licitações, também conhecido como Lei Geral de Licitações – LGL). Como tais normas nem sempre têm conexões perfeitas, o agente público responsável deverá empenhar-se, num grande esforço intelectual, nessa árdua tarefa de equalização.

Note-se que há a obrigatória precedência de ampla pesquisa de mercado. Esse prévio procedimento objetiva a obtenção de um espelho real do preço que o mercado está oferecendo para o objeto pretendido pela Administração, evitando-se, assim, registros de preços superiores aos usualmente praticados. Claro é que, havendo o projeto básico ou o termo de referência, a pesquisa estará nele embutida, de vez que o preço do mercado é um dos componentes desse documento. Levantamentos realizados em lojas (devidamente consignados, e, se possível, com orçamentos formais) e, principalmente, prospectos, jornais, periódicos e revistas são documentos hábeis para a demonstração dessas investigações, sendo necessário que todos componham o processo licitatório. É importante entender, entretanto, que "preços de mercado" são aqueles realmente praticados, e não, em nenhuma hipótese, os que são oferecidos como preços de ocasiões/ofertas em lojas, que, como se sabe, são utilizados tão somente como uma espécie de chamariz. Também não devem ser considerados os preços de ofertantes desqualificados. Acrescente-se que, como obtempera Eliana Leão, é conveniente que outras pesquisas de mercado sejam realizadas durante o procedimento licitatório, bem como na fase de utilização da ARP, "para uma perfeita adequação dos preços registrados aos valores negociados na ocasião".[102]

Parágrafo 2º do artigo 7º

§2º Na licitação para registro de preços não é necessário indicar a dotação orçamentária, que somente será exigida para a formalização do contrato ou outro instrumento hábil.

Apesar de inexistir referências à indicação de dotação orçamentária no decreto anterior, já se sustentava que a exigência dessa comprovação para as aquisições oriundas de ARP deveria ser demonstrada antes da assinatura do contrato.

102 LEÃO. *O sistema de registro de preços*: uma revolução nas licitações, p. 229.

Inclusive, era essa informação da Orientação Normativa nº 20/2009 da AGU: "Na licitação para registro de preços, a indicação da dotação orçamentária é exigível apenas antes da assinatura do contrato".

A previsão expressa pôs um fim à efêmera discussão, porquanto, apesar do inciso III, §2º, do art. 7º e do art. 14 da Lei nº 8.666/93 preconizarem como condição para a instauração da licitação a obrigatória indicação da dotação orçamentária, é certo que seria imprópria à exigência para o registro de preços, pois nele não há certeza quanto às futuras contratações.

O TCU também já havia decidido nesse sentido:

> Acórdão nº 1279/2008 – [...] o registro de preços não é uma modalidade de licitação, e sim, um mecanismo que a Administração dispõe para formar um banco de preços de fornecedores, cujo procedimento de coleta ocorre por concorrência ou pregão. Em razão de ser um mecanismo de obtenção de preços junto aos fornecedores para um período estabelecido, sem um compromisso efetivo de aquisição, entendemos ser desnecessário, por ocasião do edital, o estabelecimento de dotação orçamentária. Todavia, por ocasião de uma futura contratação, torna-se imprescindível a dotação orçamentária para custeio da despesa correspondente, na forma do art. 11 do Decreto 3931/2001. Assim, acolhemos a justificativa. [...].

Registre-se a crítica de Antônio Militão:

> Este parágrafo afronta as condições estabelecidas na Lei nº 8.666, de 21 de junho de 1993, em seu art. 7º, II, c para as licitações de serviços, bem como no art. 14 para as licitações de compras. Desse modo, em face da hierarquia das leis, entendemos ser o mesmo ilegal. Havendo a desobrigação da indicação de dotação orçamentária para realização de licitação para obtenção de Registro de Preços, esta circunstância desmotivará o licitante que irá registrar um preço, porquanto o mesmo não teria conhecimento acerca da fonte de recursos. Desse modo, a cláusula de obrigação de pagamento que deve existir no processo de licitação, por exigência do inciso XXI, do art. 37 da Constituição Federal ficaria desvalida, gerando insegurança no oferecimento do preço a ser registrado.[103]

[103] MILITÃO. *Registro de preços*: considerações acerca das modificações introduzidas no Sistema de Registro de Preços pelo Decreto nº 7.892, de 23 de janeiro de 2013.

Artigo 8º

Art. 8º *O órgão gerenciador poderá dividir a quantidade total do item em lotes, quando técnica e economicamente viável, para possibilitar maior competitividade, observada a quantidade mínima, o prazo e o local de entrega ou de prestação dos serviços.*

O dispositivo buscou forma no §7º do art. 23 da Lei nº 8.666/93,[104] com as adaptações devidas, em face das características peculiares do SRP. O mencionado parágrafo surgiu de inovação, saudada por todos, trazida pela Lei nº 9.648/98, que permitiu, no âmbito das licitações, a propositura de preços para quantidades inferiores à estabelecida na licitação no caso de o certame envolver bens de natureza divisível, possibilitando, em consequência, que uma pessoa (física ou jurídica) com produção insuficiente do bem pretendido pela Administração para atendimento a toda demanda solicitada pudesse apresentar proposta em quantidade inferior, consentânea a sua condição de produzir.

No caso do SRP, admitiu-se ao Poder Público, quando da aquisição de bens ou contratação de serviços, a subdivisão da quantidade total do objeto pretendido em lotes, se, como no §7º do art. 23 citado, existir real viabilidade técnica e econômica, devidamente comprovada, buscando com isso a competitividade, não deixando de observar uma quantidade mínima adequada, o prazo e o local de entrega ou de prestação dos serviços, e outros requisitos julgados pertinentes.

[104] Lei nº 8.666/93: "Art. 23 [...] §7º Na compra de bens de natureza divisível e desde que não haja prejuízo para o conjunto ou complexo, é permitida a cotação de quantidade inferior à demandada na licitação, com vistas a ampliação da competitividade, podendo o edital fixar quantitativo mínimo para preservar a economia de escala".

Registre-se que, sempre que houver viabilidade técnica e econômica, a regra do parcelamento é obrigatória, embora a redação do dispositivo induza a entendimento contrário. É o que, inclusive, sumulou o TCU:

> SÚMULA Nº 247 – É obrigatória a admissão da adjudicação por item e não por preço global, nos editais das licitações para a contratação de obras, serviços, compras e alienações, cujo objeto seja divisível, desde que não haja prejuízo para o conjunto ou complexo ou perda de economia de escala, tendo em vista o objetivo de propiciar a ampla participação de licitantes que, embora não dispondo de capacidade para a execução, fornecimento ou aquisição da totalidade do objeto, possam fazê-lo com relação a itens ou unidades autônomas, devendo as exigências de habilitação adequar-se a essa divisibilidade.

E não poderia ser de outra forma, haja vista que a lei regedora (Lei nº 8.666/93) aponta categoricamente para essa solução no §1º do art. 23:

> Art. 23 [...] §1º As obras, serviços e compras efetuadas pela Administração serão divididas em tantas parcelas quantas se comprovarem técnica e economicamente viáveis, procedendo-se à licitação com vistas ao melhor aproveitamento dos recursos disponíveis no mercado e à ampliação da competitividade sem perda da economia de escala.[105]

[105] Não se deve confundir parcelamento com fracionamento da despesa. Os dicionários da língua portuguesa trazem as definições de fracionamento e parcelamento, quase sempre no seguinte sentido: "Fracionamento – Fragmentação; estilhaçamento; divisão. Parcelamento – Divisão em parcelas, em prestações". Conclui-se, por conseguinte, que parcelar significa dividir o todo em parcelas, enquanto fracionar significa dividir o todo em frações. No entanto, quando a situação adentra ao âmbito das contratações públicas, os institutos adquirem significados diametralmente opostos em função de construção doutrinária e jurisprudencial. De plano, verifica-se que o inc. IV do art. 15 da Lei nº 8.666/93 determina que as compras, sempre que possível, deverão ser subdivididas em tantas parcelas quantas necessárias para aproveitar as peculiaridades do mercado, visando economicidade. Nesse mesmo diapasão, o §1º do art. 23 determina que as obras, serviços e compras efetuadas pela Administração sejam divididas em tantas parcelas quantas se comprovarem técnica e economicamente viáveis, procedendo-se à licitação com vistas ao melhor aproveitamento dos recursos disponíveis no mercado e à ampliação da competitividade sem perda da economia de escala. É importante ressaltar que, ainda que determine o parcelamento, a lei impõe que, na execução das contratações parceladas, a cada etapa ou conjunto de etapas da obra, serviço ou compra corresponda a uma licitação distinta, preservada a

Apesar de estabelecer procedimento bastante interessante, vislumbramos dificuldade operacional, em se tratando de registro de preços. O dimensionamento dos lotes deverá considerar as necessidades de cada Órgão Participante que, possivelmente, serão díspares.[106] [107]

---

modalidade pertinente para a execução do objeto em licitação (§2º do art. 23). Apesar de não mencionar a expressão "fracionamento", é nesse momento que a lei veda esse procedimento, pois determina que a Administração preserve a modalidade do todo, ou seja, a cada parcela ou conjunto de parcelas há de corresponder licitação distinta, desde que haja a preservação da modalidade pertinente para execução total do objeto pretendido.

[106] Eliana Goulart Leão, comentando a matéria, criticou severamente a medida. Primeiro, por considerar inadequada a expressão "total do item", porque, mesmo que a licitação para registro de preços seja, no mais das vezes, por itens, este procedimento não é obrigatório por lei, podendo haver certames para o registro de preços de apenas um objeto. Depois, por ser desfavorável à subdivisão em lotes e quantidade mínima: "Outra medida totalmente inconveniente permitida [...] é a subdivisão da quantidade total em lotes, providência impossível em função da essência do sistema de registro de preços. Como já foi comentado, o edital da concorrência exige comprovação da capacidade dos licitantes para fornecimento de quantidades aproximadas do objeto, o que já demonstra a inviabilidade de divisão desse total em números fixos, exatos. Além do mais, em cada fornecimento geralmente são exigidos números diferentes do objeto, que, no caso da existência de 'lotes', poderão não coincidir com a quantidade compreendida nestes".

[107] *Vide* decisão recente do TCU sobre a contratação por lotes através do SRP (Acórdão nº 2977/2012-Plenário, TC-022.320/2012-1, rel. Min-Subst. Weder de Oliveira, 31.10.2012) – Representação de empresa apontou possíveis irregularidades na condução do Pregão Eletrônico nº 06/2012, pelo Comando da 9ª Região Militar, que teve por objeto o registro de preço para aquisição de gêneros alimentícios destinados a suas unidades. Entre os supostos vícios identificados no certame, destaque-se a adoção do critério de menor preço registrado por grupo (e não por itens) para julgamento das propostas. Em resposta à oitiva, o responsável argumentou que tal sistemática permitiria economia de escala e tornaria a licitação mais célere. A unidade técnica considerou que essa modelagem poderia ser admitida, em face da grande quantidade de itens (401 itens) especificados no edital, tendo em vista a possibilidade de seleção de 401 fornecedores, na hipótese de adjudicação do objeto por itens. O relator, no entanto, anotou que "a regra básica da modelagem das licitações, como determinam o art. 15, IV, e o art. 23, §1º, da Lei 8.666/1993 e a jurisprudência consolidada deste Tribunal, expressa na Súmula 247, é a do parcelamento da disputa por itens específicos e não por lotes, compostos de diversos produtos ou serviços adjudicados a um único fornecedor". O fato de a Administração não se ver, a cada compra, obrigada adquirir todos os itens do lote, demanda a adjudicação do objeto por itens e não por grupo. E mais: "A adoção do critério de julgamento de menor preço por lote somente deve ser adotado quando for demonstrada inviabilidade de promover a adjudicação por item e evidenciadas fortes razões que demonstrem ser esse o critério que conduzirá a contratações economicamente mais vantajosas". Acrescentou que o fato de o "pregão eletrônico do portal Comprasnet prever a possibilidade de 'julgamento por preço global-lote' não autoriza a administração pública a fazer uso desse

Parágrafos 1º e 2º do artigo 8º

§1º No caso de serviços, a divisão considerará a unidade de medida adotada para aferição dos produtos e resultados, e será observada a demanda específica de cada órgão ou entidade participante do certame. (Redação dada pelo Decreto nº 8.250, de 2014)

§2º Na situação prevista no §1º, deverá ser evitada a contratação, em um mesmo órgão ou entidade, de mais de uma empresa para a execução de um mesmo serviço, em uma mesma localidade, para assegurar a responsabilidade contratual e o princípio da padronização.

A subdivisão é ainda mais complicada quando se pensa em contratar serviços. Segundo o dispositivo, observar-se-á, preliminarmente, a unidade de medida adotada para aferição dos resultados esperados, ou seja, deverá ser considerada, de

procedimento sem comprovar sua capacidade de induzir à seleção, em cada caso concreto, da proposta mais vantajosa". Acrescentou que a hipótese de seleção de número exageradamente elevado de fornecedores, vislumbrada pela unidade, afigura-se como possibilidade apenas teórica. Como exemplo, lembrou que pregão eletrônico conduzido pelo Comando da 11ª Região Militar para aquisição de 622 produtos, modelado por itens, que levou à seleção de 14 fornecedores. E arrematou: "Em registro de preços, a realização de licitação utilizando-se como critério de julgamento o menor preço global por grupo/lote leva, vis à vis a adjudicação por item, a flagrantes contratações antieconômicas e dano ao erário, potencializado pelas possibilidades de adesões, uma vez que, como reiteradamente se observa, itens são ofertados pelo vencedor do grupo a preços superiores aos propostos por outros competidores". O Tribunal, então, ao acolher proposta do relator e a despeito de haver o referido certame sido anulado pelo citado órgão, decidiu: a) "determinar ao Comando da 9ª Região Militar que se abstenha, em licitação para registro de preços, de adotar como critério de adjudicação o de menor preço global por grupo/lote, concomitantemente com disputa por itens, sem que estejam demonstradas nos autos as razões pelas quais tal critério... é o que conduzirá à contratação mais vantajosa..."; b) cientificar essa unidade militar de que novo procedimento licitatório, que tenha objeto semelhante ao do Pregão Eletrônico 06/2012, deve evitar a adoção injustificada do critério de menor preço global por grupo, uma vez que tal solução contraria o disposto no art. 15, IV, e no art. 23, §1º, da Lei nº 8.666/1993, "resultando em registro de preços superiores aos obtidos na disputa por itens e, consequentemente, em seleção de proposta menos vantajosa para a Administração para diversos itens".

plano, a maneira de aferição qualitativa da execução contratual, para depois se avaliar a demanda específica de cada órgão participante do SRP.

Interessante e prudentemente, o §2º aconselha a não contratação, numa mesma unidade, de mais de uma empresa para execução de um serviço idêntico num mesmo local, visando a assegurar a responsabilidade contratual, em face da natureza personalíssima da execução. A recomendação tem sentido, pois, diferentemente do que ocorre com o fornecimento de bens, normalmente produzidos em processo industrial com as mesmas características, nos serviços predominam, de regra, peculiaridades individuais.

Nesse sentido, observou Monteiro Lopes:

> Assim, a contratação de um único prestador do serviço é recomendada para que se consiga obter a necessária padronização dos resultados. Em se tratando, no entanto, do mesmo serviço, porém a ser realizado em localidades diversas, nada impede que mais de um fornecedor seja contratado, pois desaparecem os argumentos acima relacionados.[108]

Entretanto, caso a contratação seja considerada necessária nesses moldes, é de vital importância delimitar precisamente as áreas ou âmbitos de atuação.

Artigo 9º, incisos I a IX e parágrafo 3º

> **Art. 9º** *O edital de licitação para registro de preços observará o disposto nas Leis nº 8.666, de 1993, e nº 10.520, de 2002, e contemplará, no mínimo:*
>
> *I – a especificação ou descrição do objeto, que explicitará o conjunto de elementos necessários e suficientes, com nível de precisão adequado para*

[108] REIS. A nova regulamentação do sistema de registro de preços federal. *Informativo de Licitações e Contratos – ILC*, p. 846-850.

a caracterização do bem ou serviço, inclusive definindo as respectivas unidades de medida usualmente adotadas;

II – estimativa de quantidades a serem adquiridas pelo órgão gerenciador e órgãos participantes;

III – estimativa de quantidades a serem adquiridas por órgãos não participantes, observado o disposto no §4º do art. 22, no caso de o órgão gerenciador admitir adesões;

IV – quantidade mínima de unidades a ser cotada, por item, no caso de bens;

V – condições quanto ao local, prazo de entrega, forma de pagamento, e nos casos de serviços, quando cabível, frequência, periodicidade, características do pessoal, materiais e equipamentos a serem utilizados, procedimentos, cuidados, deveres, disciplina e controles a serem adotados;

VI – prazo de validade do registro de preço, observado o disposto no caput do art. 12;

VII – órgãos e entidades participantes do registro de preço;

VIII – modelos de planilhas de custo e minutas de contratos, quando cabível;

IX – penalidades por descumprimento das condições;

X – minuta da ata de registro de preços como anexo; e

XI – realização periódica de pesquisa de mercado para comprovação da vantajosidade.

§3º A estimativa a que se refere o inciso III do caput não será considerada para fins de qualificação técnica e qualificação econômico-financeira na habilitação do licitante.

Em função das características especiais do SRP, o redator da norma regulamentar percebeu a necessidade de indicar elementos próprios para elaboração do edital da licitação, além daqueles já estabelecidos nas Leis nºs 8.666/93 (art. 40) e 10.520/02 (art. 4º, inc. III).

A tarefa de elaboração de editais licitatórios é, incontestavelmente, das mais difíceis. O edital é o instrumento oficial por intermédio do qual a Administração leva ao conhecimento público a abertura de um procedimento licitatório. Sua elaboração deve ser extremamente cuidadosa, uma vez que se constitui na peça básica para a formalização do contrato a ser celebrado com adjudicatário.

O art. 40 da Lei nº 8.666/93 prescreve todos os itens obrigatórios do edital.[109] O inc. III do art. 4º da Lei nº 10.520/02

---

[109] Lei nº 8.666/93: "Art. 40. O edital conterá no preâmbulo o número de ordem em série anual, o nome da repartição interessada e de seu setor, a modalidade, o regime de execução e o tipo da licitação, a menção de que será regida por esta Lei, o local, dia e hora para recebimento da documentação e proposta, bem como para início da abertura dos envelopes, e indicará, obrigatoriamente, o seguinte:
I – objeto da licitação, em descrição sucinta e clara;
II – prazo e condições para assinatura do contrato ou retirada dos instrumentos, como previsto no artigo 64 desta Lei, para execução do contrato e para entrega do objeto da licitação;
III – sanções para o caso de inadimplemento;
IV – local onde poderá ser examinado e adquirido o projeto básico;
V – se há projeto executivo disponível na data da publicação do edital de licitação e o local onde possa ser examinado e adquirido;
VI – condições para participação na licitação, em conformidade com os artigos 27 a 31 desta Lei, e forma de apresentação das propostas;
VII – critério para julgamento, com disposições claras e parâmetros objetivos;
VIII – locais, horários e códigos de acesso dos meios de comunicação à distância em que serão fornecidos elementos, informações e esclarecimentos relativos à licitação e às condições para atendimento das obrigações necessárias ao cumprimento de seu objeto;
IX – condições equivalentes de pagamento entre empresas brasileiras e estrangeiras, no caso de licitações internacionais;
X – o critério de aceitabilidade dos preços unitário e global, conforme o caso, permitida a fixação de preços máximos e vedados a fixação de preços mínimos, critérios estatísticos ou faixas de variação em relação a preços de referência, ressalvado o disposto nos parágrafos 1º e 2º do artigo 48; (*Redação dada pela Lei nº 9.648, DOU, 28 maio 1998*)
XI – critério de reajuste, que deverá retratar a variação efetiva do custo de produção, admitida a adoção de índices específicos ou setoriais, desde a data prevista para apresentação da proposta, ou do orçamento a que essa proposta se referir, até a data do adimplemento de cada parcela; (*Redação dada pela Lei nº 8.883, DOU, 09 jun. 1994*)
XII – (Vetado) (*Redação dada pela Lei nº 8.883, DOU, 09 jun. 1994*)
XIII – limites para pagamento de instalação e mobilização para execução de obras ou serviços que serão obrigatoriamente previstos em separado das demais parcelas, etapas ou tarefas;
XIV – condições de pagamento, prevendo:
a) prazo de pagamento, não superior a trinta dias, contado a partir da data final do período de adimplemento de cada parcela; (*Redação dada pela Lei nº 8.883, DOU, 09 jun. 1994*)
b) cronograma de desembolso máximo por período, em conformidade com a disponibilidade de recursos financeiros;
c) critério de atualização financeira dos valores a serem pagos, desde a data final do

apenas reafirma que do edital deverão constar todos os elementos definidos na forma do inciso I do art. 3º,[110] as normas que disciplinarem o procedimento e a minuta do contrato, quando for o caso.

Este art. 9º do decreto regulamentar repete a necessidade da existência do objeto (descrição e especificações), calcando-se nas observações previstas nos incisos I e II do §7º do art. 15 da Lei nº 8.666/93 (que está voltado só para compras), apontando a necessidade de explicitação do conjunto de elementos, com bom nível de precisão, para a caracterização do objeto (bem ou serviço), mediante técnicas quantitativas de estimação, definindo as respectivas unidades de medida usualmente adotadas.

É certo que, pelas características intrínsecas do SRP, a definição de quantidades é de fundamental importância. Nessa empreitada, há de se adotar, é claro, unidades de medida (metro, quilograma, litro, etc.), entre outros curiais elementos: expectativa de consumo, a definição de lotes,[111] a quantidade mínima de unidades a ser cotada, por item, no caso de bens, entre outros.

Preocupado com as especificidades do SRP, o elaborador do decreto dispôs, no que se refere à previsão de quantidade, que o instrumento convocatório deverá estimá-la levando em

---

período de adimplemento de cada parcela até a data do efetivo pagamento; (*Redação dada pela Lei nº 8.883, DOU, 09 jun. 1994*)
d) compensações financeiras e penalizações, por eventuais atrasos, e descontos, por eventuais antecipações de pagamentos;
e) exigência de seguros, quando for o caso;
XV – instruções e normas para os recursos previstos nesta Lei;
XVI – condições de recebimento do objeto da licitação;
XVII – outras indicações específicas ou peculiares da licitação".

[110] Lei nº 10.520/02: "Art. 3º A fase preparatória do pregão observará o seguinte: I – a autoridade competente justificará a necessidade de contratação e definirá o objeto do certame, as exigências de habilitação, os critérios de aceitação das propostas, as sanções por inadimplemento e as cláusulas do contrato, inclusive com fixação dos prazos para fornecimento".

[111] *Vide* que o art. 8º registra que o Órgão Gerenciador poderá dividir a quantidade total do item em lotes, quando técnica e economicamente viável, para possibilitar maior competitividade, observada a quantidade mínima, o prazo e o local de entrega ou de prestação dos serviços.

consideração as possíveis aquisições do Órgão Gerenciador e Órgãos Participantes. E mais: previu, no caso de o Órgão Gerenciador admitir adesões, a necessidade de estimativa de quantidades a serem adquiridas por Órgãos não Participantes, observado o disposto no §4º do art. 22 — que impõe que a previsão desse quantitativo não poderá exceder ao quíntuplo do quantitativo de cada item registrado na ARP para o Órgão Gerenciador e Órgãos Participantes, independentemente do número de não participantes que aderirem.

Registre-se que, consoante preconiza o §3º, essa estimativa não deverá ser considerada para fins de qualificação técnica e qualificação econômico-financeira na habilitação do licitante.

A análise do inc. III deste art. 9º — que, ao indicar a necessidade de previsão no instrumento convocatório de quantidades a serem adquiridas por Órgãos não Participantes, determina a observação ao disposto no §4º do art. 22, mencionando expressamente "no caso de o órgão gerenciador admitir adesões" — impõe que se infira que o Órgão Gerenciador poderá de plano estabelecer a impossibilidade de adesões às suas ARPs. Por outro lado, conjugando o dispositivo com o previsto no citado §4º do art. 22 — que exige a expressa consignação, no instrumento convocatório, da limitação de quantitativo para adesão —, deduz-se que a omissão editalícia conduziria à presunção de que a adesão encontrar-se-ia vedada.

Além do exposto, o dispositivo elenca, como a seguir, elementos que o edital deverá contemplar obrigatoriamente:

a) condições quanto ao local, prazo de entrega, forma de pagamento, e nos casos de serviços, quando cabível, frequência, periodicidade, características do pessoal, materiais e equipamentos a serem utilizados, procedimentos, cuidados, deveres, disciplina e controles a serem adotados. Os incisos XIV e XVI do art. 40 da Lei nº 8.666/93 já davam curso ao assunto, bem como os incisos III e IV do art. 55 do mesmo diploma. Nesse caso, viu-se o redator do decreto na obrigatoriedade de adaptá-los ao SRP, além de reuni-los num único local;

b) prazo de validade do registro de preço, observado o disposto no *caput* do art. 12, que dispõe que o período de validade da ARP não poderá ser superior a doze meses, inclusas as eventuais prorrogações;
c) os órgãos e entidades participantes do registro de preço;
d) os modelos de planilhas de custo e minutas de contratos, quando cabível, positivando procedimento já muito utilizado nas licitações, que é o oferecimento de modelo de planilha para preenchimento por parte do licitante, ato que facilita sobremaneira as tarefas dos licitantes e, principalmente, os trabalhos da comissão de licitação ou do pregoeiro;[112]
e) as penalidades a serem aplicadas por descumprimento dos compromissos assumidos;
f) a minuta da ARP como anexo;
g) a realização periódica de pesquisa de mercado para comprovação das vantagens de contratar através dos preços registrados na ARP.

O decreto anterior ainda listava, como item obrigatório do instrumento convocatório, a indicação do preço unitário máximo que a Administração se disporia a pagar, por contratação, consideradas as regiões e as estimativas de quantidades a serem adquiridas. A supressão faz a matéria retornar ao nível da legalidade, uma vez que a Lei nº 8.666/93 a prescreve como alternativa possível, mas não obrigatória, consoante o preconizado no inc. X do art. 40. Sobre a questão, convém sublinhar que a Administração está obrigada a produzir um orçamento estimado em planilhas de quantitativos e preços unitários, conforme previsto no §2º do inc. III do art. 40 da Lei nº 8.666/93, providência que, de certa forma, a induz a prescrever um valor limite máximo a ser oferecido pelos licitantes.

---

[112] No pregão eletrônico, regulamentado pelo Decreto nº 3.697/00, a planilha é disponibilizada no portal (sistema eletrônico).

Parágrafo 1º do artigo 9º

§1º O edital poderá admitir, como critério de julgamento, o menor preço aferido pela oferta de desconto sobre tabela de preços praticados no mercado, desde que tecnicamente justificado.

O dispositivo busca o acolhimento à posição já solidificada na doutrina quanto ao oferecimento de preços em licitações baseado em desconto sobre as tabelas de preços praticados no mercado. A prática, a nosso ver, é válida para qualquer licitação, independentemente de modalidade, tipo ou maneira. O que a Lei nº 8.666/93 não permite é a proposição com descontos sobre preços de outros licitantes em certames licitatórios regulares. Exemplo clássico seria a licitação para fornecimento de passagens aéreas, onde a oferta de desconto sobre preços de mercado cai como uma luva.

Flávia Daniel Vianna registra que o dispositivo corrige falha técnica do decreto anterior, que fazia menção a "critério de adjudicação", passando agora a mencionar "critério de julgamento", já que não há adjudicação em licitação de registro de preços. No entanto, a atenta jurista observa:

> No caso do pregão eletrônico, não há como "pular" a fase de adjudicação – tanto o sistema COMPRASNET quanto o do Banco do Brasil, se não for adjudicado, não passa para a próxima fase. Assim a adjudicação terá que ser efetuada nos sistemas eletrônicos em vista da falha do próprio sistema.

Parágrafo 2º do artigo 9º

§2º Quando o edital previr o fornecimento de bens ou prestação de serviços em locais diferentes, é facultada a exigência de apresentação

de proposta diferenciada por região, de modo que aos preços sejam acrescidos custos variáveis por região.

O artigo 8º do decreto admite a divisão da quantidade total do item em lotes, quando técnica e economicamente viável, com o intuito de maximizar a competitividade, observada a quantidade mínima, o prazo e o local de entrega ou de prestação dos serviços.

Portanto, quando o edital estiver voltado para contratações subdivididas e, logicamente, estabelecer a entrega dos bens ou a prestação dos serviços em vários locais, poderá autorizar a apresentação de propostas diferenciadas por locais, atendendo, assim, as demandas e as características das regiões.

Parágrafo 4º do artigo 9º

§4º O exame e a aprovação das minutas do instrumento convocatório e do contrato serão efetuados exclusivamente pela assessoria jurídica do órgão gerenciador. (Incluído pelo Decreto nº 8.250, de 2014)

Era mais do que evidente que as minutas de edital da licitação por registro de preços, bem como as dos contratos anexos obrigatórios dos instrumentos convocatórios, deveriam passar pela apreciação da assessoria jurídica[113] do Órgão Gerenciador. Todavia, para afastar qualquer dúvida, o Decreto nº 8.250/14 incluiu este §4º prevendo o óbvio: apenas a assessoria jurídica do Órgão Gerenciador fará a análise e a aprovação.

---

113 Consoante dispõe o parágrafo único do art. 38 da Lei nº 8.666/93: "Parágrafo único. As minutas de editais de licitação, bem como as dos contratos, acordos, convênios ou ajustes devem ser previamente examinadas e aprovadas por assessoria jurídica da Administração".

Artigo 10

Art. 10. *Após o encerramento da etapa competitiva, os licitantes poderão reduzir seus preços ao valor da proposta do licitante mais bem classificado.*

Parágrafo único. A apresentação de novas propostas na forma do caput não prejudicará o resultado do certame em relação ao licitante mais bem classificado.

Acertadamente, o dispositivo manteve a possibilidade de os licitantes, após a disputa, reduzirem seus preços de maneira a igualar o preço vencedor.

Ressalta-se, no entanto, a necessária observação anterior dos procedimentos elencados na Lei Complementar nº 123/06, que dizem respeito às regras de preferência para microempresas, empresas de pequeno porte e cooperativas.

Destarte, após as providências referentes ao tratamento diferenciado, o condutor do certame permitirá a recepção de novas propostas de licitantes que tenham interesse em igualar o preço vencedor.

Entretanto, o vencedor do certame não verá prejudicado o seu registro na ARP, nem tampouco o seu direito subjetivo de prevalência nas contratações.

Vide que, no §1º do art. 11, ao ultimar detalhes sobre a prática, o decreto informa que o registro tem por objetivo a formação de cadastro de reserva, no caso de exclusão do primeiro colocado da ata.

Anote-se que o novo decreto suprimiu a viabilidade de registro de preços superiores ao do vencedor que vigorava no regramento revogado, *verbis*:

> Art. 6º [...] Parágrafo único. Excepcionalmente, a critério do órgão gerenciador, quando a quantidade do primeiro colocado não for

suficiente para as demandas estimadas, desde que se trate de objetos de qualidade ou desempenho superior, devidamente justificada e comprovada a vantagem, e as ofertas sejam em valor inferior ao máximo admitido, poderão ser registrados outros preços.

O redator do regulamento foi bastante feliz nessa supressão, uma vez que, operacionalmente, o procedimento foi causador de inúmeros problemas, não só porque permitia preços diversos para o mesmo objeto, mas também em face do critério altamente subjetivo para a excepcionalidade: a demonstração de que se tratava de objeto de qualidade ou desempenho superior.

Assim, doravante, a ARP só comportará pluralidade de registros de preços iguais aos do vencedor da licitação.

Artigo 11

CAPÍTULO VI – DO REGISTRO DE PREÇOS E DA VALIDADE DA ATA

Art. 11. *Após a homologação da licitação, o registro de preços observará, entre outras, as seguintes condições:*

I – serão registrados na ata de registro de preços os preços e quantitativos do licitante mais bem classificado durante a fase competitiva; (Redação dada pelo Decreto nº 8.250, de 2014)

II – será incluído, na respectiva ata na forma de anexo, o registro dos licitantes que aceitarem cotar os bens ou serviços com preços iguais aos do licitante vencedor na sequência da classificação do certame, excluído o percentual referente à margem de preferência, quando o objeto não atender aos requisitos previstos no art. 3º da Lei nº 8.666, de 1993; (Redação dada pelo Decreto nº 8.250, de 2014)

III – o preço registrado com indicação dos fornecedores será divulgado no Portal de Compras do Governo Federal e ficará disponibilizado durante a vigência da ata de registro de preços; e (Redação dada pelo Decreto nº 8.250, de 2014)

IV – a ordem de classificação dos licitantes registrados na ata deverá ser respeitada nas contratações. (Redação dada pelo Decreto nº 8.250, de 2014)

§1º O registro a que se refere o inciso II do caput tem por objetivo a formação de cadastro de reserva no caso de impossibilidade de atendimento pelo primeiro colocado da ata, nas hipóteses previstas nos arts. 20 e 21. (Redação dada pelo Decreto nº 8.250, de 2014)

§2º Se houver mais de um licitante na situação de que trata o inciso II do caput, serão classificados segundo a ordem da última proposta apresentada durante a fase competitiva. (Redação dada pelo Decreto nº 8.250, de 2014)

§3º A habilitação dos fornecedores que comporão o cadastro de reserva a que se refere o inciso II do caput será efetuada, na hipótese prevista no parágrafo único do art. 13 e quando houver necessidade de contratação de fornecedor remanescente, nas hipóteses previstas nos arts. 20 e 21. (Redação dada pelo Decreto nº 8.250, de 2014)

§4º O anexo que trata o inciso II do caput consiste na ata de realização da sessão pública do pregão ou da concorrência, que conterá a informação dos licitantes que aceitarem cotar os bens ou serviços com preços iguais ao do licitante vencedor do certame. (Incluído pelo Decreto nº 8.250, de 2014)

O dispositivo estabelece as condições de formalização da Ata de Registro de Preços (ARP), após a homologação da licitação. Todo o preceptivo sofreu alterações ou inclusões por parte do Decreto nº 8.520/14.

Os quatro incisos que compõem o artigo informam procedimentos a ocorrerem após a homologação do resultado da licitação.

O inc. I prevê que serão registrados na ARP os preços e quantitativos do licitante vencedor do certame (ou seja, o mais bem classificado, como denominado no art. 13, e habilitado).

Por sua vez, o inc. II determina a inclusão na ARP, na forma de anexo, do registro dos licitantes que aceitarem cotar os bens ou serviços com preços iguais aos do licitante vencedor, na sequência da classificação do certame, excluído o percentual referente à margem de preferência,[114] quando o objeto não atender aos requisitos previstos no art. 3º da Lei nº 8.666/93.

Este anexo, consoante dispõe o §4º, consiste na ata de realização da sessão pública do pregão ou da concorrência, que conterá a informação dos licitantes que aceitarem cotar os bens ou serviços com preços iguais aos do licitante vencedor do certame.

---

[114] A Lei nº 12.349/10 alterou a Lei nº 8.666/93, fazendo contar preferências voltadas para produtos manufaturados e para serviços nacionais que venham a atender normas técnicas brasileiras. Nesse curso, a Lei nº 8.666 passou a autorizar a preterição de produtos manufaturados e serviços estrangeiros oferecidos por preços menores, em benefício de nacionais de custo mais elevado, fundando-se na necessidade de desenvolvimento da indústria nacional. Assim, o §5º dispôs que, nos processos licitatórios, poderá a Administração estabelecer uma margem de preferência para produtos manufaturados e para serviços nacionais que atendam a normas técnicas brasileiras, devendo tal margem ser estabelecida, como impõe o §6º, em função de estudos revistos periodicamente, em prazo não superior a 5 (cinco) anos, que levem em consideração: a) geração de emprego e renda; b) efeito na arrecadação de tributos federais, estaduais e municipais; c) desenvolvimento e inovação tecnológica realizados no Brasil; d) custo adicional dos produtos e serviços; e f) em suas revisões, análise retrospectiva de resultados. O §7º preconiza que a Administração poderá estabelecer margem de preferência adicional para os produtos manufaturados e serviços nacionais resultantes de desenvolvimento e inovação tecnológica realizados no Brasil, ou seja, poderá o Poder Público estatuir uma margem de preferência cumulativa com a margem de preferência normal (consoante o Decreto nº 7.546/2011, entendida como o diferencial de preços entre produtos manufaturados nacionais e serviços nacionais, resultantes de desenvolvimento e inovação tecnológica realizados no País, e produtos manufaturados estrangeiros e serviços estrangeiros, que permite assegurar preferência à contratação de produtos manufaturados nacionais e serviços nacionais).
A margem de preferência para produtos manufaturados e serviços nacionais que atendam a normas técnicas brasileiras (§5º) e a margem adicional para os produtos manufaturados e serviços nacionais resultantes de desenvolvimento e inovação tecnológica realizados no País (§7º) não se aplicam aos bens e serviços cuja capacidade de produção ou prestação no País seja inferior à quantidade a ser adquirida ou contratada ou ao quantitativo fixado com fundamento no §7º do art. 23, quando for o caso (§9º).
Consoante o previsto no §8º, a definição das margens de preferência — por produto, serviço, grupo de produtos ou grupo de serviços — ficará a cargo do Poder Executivo federal, não sendo permitido que a soma ultrapasse o montante de 25% sobre o preço dos produtos manufaturados e serviços estrangeiros.
Com ótica na irreversível globalização dos mercados — fenômeno econômico ditado pelas forças mercadológicas e por impressionantes transformações tecnológicas —, o §10 permite que a Administração estenda a margem de preferência, total ou parcialmente, aos bens e serviços originários dos Estados Partes do Mercado Comum do Sul (MERCOSUL).

Tal registro, segundo o previsto no §1º, tem o intuito de formar um cadastro de reserva, na hipótese de impossibilidade de atendimento pelo primeiro colocado da ARP nos casos previstos nos arts. 20 e 21, isto é, quando ocorrer o cancelamento do registro por motivos causados pela empresa[115] ou em função de fato superveniente, decorrente de caso fortuito ou força maior, que prejudique o cumprimento da ata, devidamente comprovados e justificados, em função de razões de interesse público ou a pedido do fornecedor. Havendo mais de um licitante nessa situação, a classificação far-se-á segundo a ordem da última proposta apresentada durante a fase competitiva (§2º).

As modificações no dispositivo se impuseram, certamente, diante dos inúmeros contratempos ocorridos quando da aplicação das regras do texto anterior na elaboração da ARP.

Flavia Daniel Vianna comenta a questão com desenvoltura:

> Essa alteração pode ter sido efetuada em vista das dificuldades encontradas pelo gerenciador, quando, na confecção da Ata de Registro de Preços, tinha que convocar para assinatura tanto o fornecedor vencedor, quanto todos os demais licitantes que aceitassem compor o cadastro reserva, o que acabava gerando atrasos para a publicação da ARP, em vista da requisição de assinatura de todos esses fornecedores. Da forma atualmente estipulada, fica claro que a ata de registro de preços é assinada pelo licitante vencedor somente, tendo seu extrato publicado e início de seus efeitos. Isto fica ainda mais evidente, pela nova redação do art. 13, *caput*, que previu que apenas o fornecedor mais bem classificado será convocado para assinar a ata de registro de preços (e não "os fornecedores classificados, observado o disposto no art 11", que remetia ao cadastro-reserva, como era a redação anterior, o que fez nascer a tese de que todos deveriam assinar a ARP, fornecedor vencedor e integrantes

115 Em face de: descumprimento de condições da ARP; não retirada da nota de empenho ou instrumento equivalente no prazo estabelecido pela Administração, sem justificativa aceitável; não aceitação de redução de preço registrado, no caso deste se tornar superior àqueles praticados no mercado; ou incursão nas sanções previstas nos incs. III ou IV do *caput* do art. 87 da Lei nº 8.666/93 ou no art. 7º da Lei nº 10.520/02.

do cadastro-reserva) e, também, no inc. I do art. 11, que ressalta que será registrado na Ata de Registro de Preços, o licitante melhor classificado (vencedor).[116]

Como informa o §3º, a habilitação dos fornecedores que comporão o cadastro de reserva deverá ocorrer quando a Administração convocar os licitantes remanescentes, na ordem de classificação, para fazê-lo em igual prazo e nas mesmas condições propostas pelo primeiro classificado, devido à não assinatura da ARP pelo melhor classificado no prazo e condições estabelecidos, e quando houver necessidade de contratação de fornecedor remanescente devido ao cancelamento da ARP.

Para fins de publicidade, o inc. III dispõe que o preço registrado, com a lógica indicação dos fornecedores, será divulgado no Portal de Compras do Governo Federal (COMPRASNET), com disponibilização durante a vigência da ARP.

Artigo 12 e parágrafo 1º

Art. 12. *O prazo de validade da ata de registro de preços não será superior a doze meses, incluídas eventuais prorrogações, conforme o inciso III do §3º do art. 15 da Lei nº 8.666, de 1993.*

§1º É vedado efetuar acréscimos nos quantitativos fixados pela ata de registro de preços, inclusive o acréscimo de que trata o §1º do art. 65 da Lei nº 8.666, de 1993.

O inciso III do §3º do art. 15 da Lei nº 8.666/93 estabelece que o prazo de validade do registro de preços, no âmbito

[116] VIANNA, Flavia Daniel. *O que muda no SRP com o novo Decreto Federal nº 8.250, de 23 de maio de 2014.*

federal, não poderá ultrapassar a um ano. A regulamentação do SRP, portanto, não poderia ser diferente.

O redator do decreto acertou uma falha existente no ato revogado, dissipando de vez a dúvida que causava o texto irregular anterior. Destarte, como não poderia deixar de ser, o prazo de validade da ARP não poderá ultrapassar doze meses, incluídas eventuais prorrogações, ou seja, a ata poderá ser prorrogada, desde que essas prorrogações não conduzam a prazo de validade superior ao período máximo previsto. Jorge Ulisses Jacoby bem delineia a questão:

> Imagine-se uma hipótese em que é possível definir uma provável demanda, em larga escala, para ocorrer em breve período [...]. Caberia, então, proceder ao SRP para essa aquisição e, com vistas a obter condições mais vantajosas, poderia a Administração declarar que a validade do SRP é de apenas sessenta dias.[117] [118]

O decreto revogado permitia alterações na ARP, nos mesmos termos do art. 65 da Lei nº 8.666/1993, que trata das alterações contratuais.

A matéria era de difícil enfrentamento. Dissemos, na análise ao dispositivo, que se deveria ter em mente que o então elaborador do texto regulamentar tomou a ARP como se contrato fosse, de vez que admitia alterações se obedecidas as disposições de artigo da Lei nº 8.666 que disciplina as modificações dos contratos. Entendia-se, portanto, que a ata poderia sofrer alterações nas formas admitidas na citada lei para o contrato administrativo. A operacionalização era complicada.

O fato é que agora as dúvidas foram afastadas, pois o atual ato regulamentar não reiterou a condição de que a ARP

---

[117] JACOBY FERNANDES. Comentários ao Decreto nº 3.931/01. *Informativo de Licitações e Contratos – ILC*, p. 242-268.

[118] Eliana Goulart Leão também aponta nessa direção: "A duração do registro, portanto, pode ser de um ano ou prazo inferior, a critério da Administração. Quando inferior a doze meses, poderá até comportar prorrogações, desde que estas, somadas, não ultrapassem o período permitido por lei" (*O sistema de registro de preços*: uma revolução nas licitações, p. 67).

poderá sofrer as alterações previstas para os contratos, deixando expressamente consignada a vedação a aditamentos quantitativos na ata, registrando, expressamente, inclusive o acréscimo de que trata o §1º do art. 65 da Lei nº 8.666/93, que diz respeito à obrigação de o contratado aceitar, nas mesmas condições contratuais, os acréscimos ou supressões que se fizerem nas obras, serviços ou compras, até 25% (vinte e cinco por cento) do valor inicial atualizado do contrato, e, no caso particular de reforma de edifício ou de equipamento, até o limite de 50% (cinquenta por cento) para os seus acréscimos.

Parágrafo 2º do artigo 12

§2º A vigência dos contratos decorrentes do Sistema de Registro de Preços será definida nos instrumentos convocatórios, observado o disposto no art. 57 da Lei nº 8.666, de 1993.

O parágrafo informa que a vigência dos contratos decorrentes do SRP deverá ser definida nos instrumentos convocatórios das licitações, observando-se as regras dispostas no art. 57 da Lei nº 8.666/93.

Conforme o instituído no supracitado art. 57, os contratos, de maneira geral, vigorarão durante o prazo de vigência do crédito orçamentário, ou seja, um ano. A regra, entretanto, comporta exceções: a) aos projetos cujos produtos estejam contemplados nas metas estabelecidas no Plano Plurianual, os quais poderão ser prorrogados se houver interesse da Administração e desde que isso tenha sido previsto no ato convocatório; b) a prestação de serviços a serem executados de forma contínua, que poderão ter a sua duração prorrogada por iguais e sucessivos períodos com vistas à obtenção de preços e condições mais vantajosas para a Administração, limitada a sessenta meses; e c) ao aluguel de equipamentos e à utilização de programas de informática, podendo a duração estender-se pelo prazo de até 48 (quarenta e oito) meses após o início da vigência do contrato.

Assim, a rigor, em face do que preconiza o parágrafo em análise, os contratos decorrentes do SRP também poderiam incorrer nas exceções. A questão, entrementes, merece reflexão. Como é cediço, as características do SRP — notadamente a de não exigir da Administração a promoção das contratações imediatas — dirigem o uso da sistemática para as compras. A utilização do instituto na contratação de serviços somente dar-se-á, portanto, nas hipóteses em que o interesse da Administração não estiver voltado para uma execução continuada, dado que tais serviços — que, por sua essencialidade, jamais poderão deixar de ser prestados, não lhes sendo permitida a solução de continuidade — são incompatíveis com a filosofia do registro de preços. Ademais, se os serviços dessa natureza são atendidos por intermédio da prorrogação contratual, como disciplina o inc. II do art. 57 da Lei nº 8.666/93, não há sentido algum na contratação via SRP. As necessidades permanentes e contínuas devem ser satisfeitas por meio de prorrogação de contratos licitados por licitações convencionais.

Com o mesmo raciocínio, Alexandre Sarquis e Rosemeire Cardoso Ramos:

> O caráter de imprevisibilidade emprestado ao SRP evidencia que a regra geral, instituída pela Lei 8.666/93, está direcionada às compras. Desta forma, a jurisprudência do TCE/SP, por interpretação extensiva e sistemática, reconhece a utilização do instituto para serviços somente nos casos em que não se apresente a demanda por execução continuada ou a complexidade geralmente atribuída às contratações de engenharia. Nesses moldes, o SRP se torna aceito somente para serviços de pequenos reparos e de pouca monta, desde que caracterizados pela condição de imprevisíveis, mas passíveis de mensuração. Atividades de fácil manejo e execução, não destacadas pelas especificidades das obras e serviços de engenharia. [...] No mesmo sentido, os entendimentos do TCE/SP caminham para a inviabilidade de adoção do SRP quando o objeto pretendido recai

> sobre a consecução de serviços a serem prestados continuamente à população, como se percebe nos casos de conservação e higiene de escolas, hospitais, ou asseio e manutenção de logradouros públicos, onde não há como conceber que a manutenção de adequadas condições de limpeza esteja submetida a regime que se caracteriza pela eventualidade, pela impossibilidade de mensuração objetiva dos quantitativos e pela não obrigatoriedade da contratação.[119]

Esse foi o posicionamento do Conselho Nacional de Justiça (CNJ), conforme registrado no item 1.1.45 do Auto Circunstanciado de Inspeção na Justiça Estadual do Paraná, ainda na época da vigência do decreto anterior: "A contratação de serviços previstos no Decreto 2.271/1997, que são de natureza continuada, com vigência que dura até cinco anos, constitui antítese da previsão contida no Decreto 3.931/2001". Como consequência, o CNJ determinou ao Tribunal de Justiça do Paraná que se abstivesse de utilizar o SRP para contratar a prestação de mão de obra de natureza continuada.[120]

---

119 SARQUIS; RAMOS. Controvérsias do Sistema de Registro de Preços.

120 Da mesma forma, em decisão aprovada por unanimidade pela 1ª Câmara, o Tribunal de Contas do Estado de Rondônia (TCE-RO) determinou a vedação do uso de Sistema de Registro de Preços para contratação de serviços continuados. A medida foi aprovada durante apreciação e deliberação do edital de pregão eletrônico realizado pela Coordenadoria Geral de Apoio à Governadoria (CGAG) para a contratação de serviços de reprografia e impressão, entre outros, visando atender as necessidades dos órgãos que se instalarão no futuro Complexo Rio Madeira (também conhecido como CPA). Em sua decisão, o Tribunal considerou ilegal o edital de pregão eletrônico em virtude de o Estado ter utilizado o registro de preços na licitação. Através de vasta jurisprudência versando sobre o tema, o TCE ratificou a inviabilidade da adoção do SRP quando o objeto pretendido recai sobre a consecução de serviços a serem prestados continuamente à Administração Pública. No caso concreto, segundo a Corte de Contas, a prestação de serviço de reprografia e impressão do Executivo estadual continuará na mesma intensidade e seguirá a mesma previsão de consumo para todos os órgãos que integrarão o Complexo Rio Madeira, não sofrendo influência com a iminente mudança de endereço. Desse modo, ficou caracterizado que a contratação pretendida pelo Estado destina-se a serviços contínuos e presumíveis da Administração, tornando, portanto, a utilização do sistema de registro de preços legalmente impossível. A decisão destacou que o SRP é destinado a contratações futuras e eventuais e não, como pretendia o Estado, em contratações certas e imediatas. Além de determinar à Administração estadual que não mais utilize o SRP quando o objeto de contratação for a contratação de serviços continuados, o TCE considerou ilegal o edital de licitação deflagrado pela CGAG, determinando ainda sua imediata anulação (Decisão – Processo nº 92/2012/TCE-RO).

Parágrafos 3º e 4º do artigo 12

§3º Os contratos decorrentes do Sistema de Registro de Preços poderão ser alterados, observado o disposto no art. 65 da Lei nº 8.666, de 1993.

§4º O contrato decorrente do Sistema de Registro de Preços deverá ser assinado no prazo de validade da ata de registro de preços.

A regulamentação concernente às alterações contratuais nos acordos decorrentes do SRP é novidade trazida pelo decreto. Dita o dispositivo que essas alterações far-se-ão com observação ao previsto no art. 65 da Lei nº 8.666/93.

> Art. 65. Os contratos regidos por esta Lei poderão ser alterados, com as devidas justificativas, nos seguintes casos:
>
> I – unilateralmente pela Administração:
>
> a) quando houver modificação do projeto ou das especificações, para melhor adequação técnica aos seus objetivos;
>
> b) quando necessária a modificação do valor contratual em decorrência de acréscimo ou diminuição quantitativa de seu objeto, nos limites permitidos por esta Lei;
>
> II – por acordo das partes:
>
> a) quando conveniente a substituição da garantia de execução;
>
> b) quando necessária a modificação do regime de execução da obra ou serviço, bem como do modo de fornecimento, em face de verificação técnica da inaplicabilidade dos termos contratuais originários;
>
> c) quando necessária a modificação da forma de pagamento, por imposição de circunstâncias supervenientes, mantido o valor inicial atualizado, vedada a antecipação do pagamento, com relação ao cronograma financeiro fixado, sem a correspondente contraprestação de fornecimento de bens ou execução de obra ou serviço;
>
> d) para restabelecer a relação que as partes pactuaram inicialmente entre os encargos do contratado e a retribuição da administração para a justa remuneração da obra, serviço ou fornecimento, objetivando a manutenção do equilíbrio econômico-financeiro inicial do contrato, na hipótese de sobrevirem fatos imprevisíveis, ou previsíveis porém de conseqüências incalculáveis, retardadores ou impeditivos da execução do ajustado, ou, ainda, em caso de força

maior, caso fortuito ou fato do príncipe, configurando álea econômica extraordinária e extracontratual.

§1º O contratado fica obrigado a aceitar, nas mesmas condições contratuais, os acréscimos ou supressões que se fizerem nas obras, serviços ou compras, até 25% (vinte e cinco por cento) do valor inicial atualizado do contrato, e, no caso particular de reforma de edifício ou de equipamento, até o limite de 50% (cinqüenta por cento) para os seus acréscimos.

§2º Nenhum acréscimo ou supressão poderá exceder os limites estabelecidos no parágrafo anterior, salvo:

I – (Vetado)

II – as supressões resultantes de acordo celebrado entre os contratantes.

§3º Se no contrato não houverem sido contemplados preços unitários para obras ou serviços, esses serão fixados mediante acordo entre as partes, respeitados os limites estabelecidos no §1º deste artigo.

§4º No caso de supressão de obras, bens ou serviços, se o contratado já houver adquirido os materiais e posto no local dos trabalhos, estes deverão ser pagos pela Administração pelos custos de aquisição regularmente comprovados e monetariamente corrigidos, podendo caber indenização por outros danos eventualmente decorrentes da supressão, desde que regularmente comprovados.

§5º Quaisquer tributos ou encargos legais criados, alterados ou extintos, bem como a superveniência de disposições legais, quando ocorridas após a data da apresentação da proposta, de comprovada repercussão nos preços contratados, implicarão a revisão destes para mais ou para menos, conforme o caso.

§6º Em havendo alteração unilateral do contrato que aumente os encargos do contratado, a Administração deverá restabelecer, por aditamento, o equilíbrio econômico-financeiro inicial.

§7º (Vetado)

§8º A variação do valor contratual para fazer face ao reajuste de preços previsto no próprio contrato, as atualizações, compensações ou penalizações financeiras decorrentes das condições de pagamento nele previstas, bem como o empenho de dotações orçamentárias suplementares até o limite do seu valor corrigido, não caracterizam alteração do mesmo, podendo ser registrados por simples apostila, dispensando a celebração de aditamento.

A questão das alterações dos contratos oriundos do SRP merece cautelosa abordagem. A rigor, qualquer contrato oriundo de uma licitação deverá atender as regras previstas na Lei nº 8.666/93 (Capítulo III – Dos Contratos – Seção I – Disposições Preliminares). A princípio, portanto, nem se teria que aventar procedimentos para as contratações advindas de registros de preços através de normas regulamentares. Entretanto, para compreender os contratos decorrentes do SRP, faz-se necessária a comparação com as contratações oriundas de licitações comuns, nas quais a Administração as realiza precedidas de certame licitatório com objeto específico. Em tais hipóteses, a competição possui objeto específico e bem determinado, obrigando-se o contrato a respeitá-lo, podendo, no máximo, sofrer as modificações que o diploma legal autoriza, nos termos do art. 65 da Lei nº 8.666/93. Por conseguinte, vê-se que essas contratações possuem como característica o objeto unitário.

Já numa licitação de registro de preços, em função de particularidades especiais, inexiste a contratação unitária, na medida em que as quantidades são inexatas. As quantidades a serem adquiridas e os momentos das contratações dependerão exclusivamente de conveniências administrativas. Destarte, há de se avaliar a aplicação de todo o supracitado art. 65 com base nessa circunstância.

Desse modo, é recomendável cautela no uso de todas as hipóteses do comando legal, uma vez que nem sempre as regras de alteração contratual serão compatíveis com o SRP. Exemplifica-se: quando houver necessidade de modificações de características essenciais do objeto, a princípio não será possível o uso do registro de preços para outro órgão.

No entanto, uma antiga dúvida foi extirpada: os contratos originados do SRP poderão adotar o permissivo legal de acréscimos ou supressões que se fizerem nos objetos de até 25% do valor inicial atualizado, conforme previsto no §1º do supracitado artigo 65.

Artigo 13

CAPÍTULO VII – DA ASSINATURA DA ATA E DA CONTRATAÇÃO COM FORNECEDORES REGISTRADOS

Art. 13. *Homologado o resultado da licitação, o fornecedor mais bem classificado será convocado para assinar a ata de registro de preços, no prazo e nas condições estabelecidos no instrumento convocatório, podendo o prazo ser prorrogado uma vez, por igual período, quando solicitado pelo fornecedor e desde que ocorra motivo justificado aceito pela administração. (Redação dada pelo Decreto nº 8.250, de 2014)*

Cabe à autoridade competente do Órgão Gerenciador, ou seja, aquela que detém poderes para representar a entidade promotora da licitação, promover a apreciação de todo o procedimento e, exercendo a sua autoridade e competência, concordar ou não com todo o ocorrido, deliberando sobre ele. Trata-se de ato de verificação de legalidade.

Caso considere correto todo o procedimento, promoverá a homologação.[121]

Homologado o resultado do certame, o mais bem classificado será convocado para assinatura da ARP, fincando-se definitivamente o comprometimento quanto ao atendimento à Administração, de acordo com as condições estabelecidas.

Evidentemente, a convocação deverá ocorrer dentro do prazo e condições estabelecidos no edital, sendo permitida a prorrogação desse prazo apenas uma única vez, desde que atendidas as seguintes condições: a) período idêntico;

[121] Marcos Juruena Villela Souto tem a seguinte dicção sobre o assunto: "Após o julgamento, os autos do procedimento são remetidos à autoridade superior para, exercendo função inerente ao controle hierárquico, verificar se o feito teve tramitação adequada, como vistas à oposição de sua chancela" (*Licitações e contratos administrativos*: doutrina: Lei nº 8.666, de 21.06.93, comentada. 3. ed. rev., ampl. e atual. pela EC nº 19/98 e pela Lei nº 9.648, de 27.5.98 e Lei nº 9.854, de 27.10.99, p. 138-139).

b) dependência de solicitação do fornecedor; c) motivo justo; e d) aceitação pela Administração.

Insta relembrar que tanto para a classificação quanto para a homologação há de se abrir espaço para o recurso administrativo, nos termos do art. 109 da Lei nº 8.666/93.[122]

O recurso administrativo é uma ferramenta oferecida ao licitante que o autoriza, caso se sinta prejudicado, a provocar a Administração no sentido de rever seus próprios atos.

No âmbito das licitações e contratos administrativos, o recurso administrativo assume três espécies, a saber: recurso hierárquico (também chamado de recurso administrativo propriamente dito), representação e reconsideração.

Importante ressaltar que o direito de petição deve ser concretizado no prazo assinalado para tal. O não exercício desse direito de lapso temporal estabelecido importa a sua perda (decadência).

A perda do prazo, entretanto, não veda a via judicial, uma vez que a Constituição Federal assegura a provocação do Judiciário na hipótese de lesão ou ameaça a direito.[123]

Não obstante o direito fundamental à ampla defesa, máxima garantida no art. 5º, inciso LV, da Constituição Federal, nem todo ato, em sede de licitação e contratação pública, é passível de recurso.[124] A lei elencou exaustivamente as situações

---

[122] No caso de pregão, a adoção do art. 109 da Lei nº 8.666/93 deve guardar conexão com o estabelecido nos incisos XVIII a XXI da Lei nº 10.520/02.

[123] Art. 5º, inciso XXXV, da Constituição Federal: "A lei não excluirá da apreciação do Poder Judiciário lesão ou ameaça a direito".

[124] Nesse mesmo sentido, Roberto Ribeiro Bazilli e Sandra Julien Miranda (*Licitação à luz do Direito Positivo*: atualizado conforme a Emenda Constitucional 19, de 4.6.1998, e a Lei nº 9.648, de 27.5.1998, p. 293); Jessé Torres Pereira Júnior (*Comentários à Lei das licitações e contratações da administração pública*, p. 593) e Hely Lopes Meirelles (*Licitação e contrato administrativo*, p. 144), entre outros. Benedicto de Tolosa tem entendimento diverso: "A Lei nº 8.666/93 [...] alberga algumas hipóteses em que cabe o chamado recurso hierárquico como se não houvesse a possibilidade de manifestação de inconformismo em outros atos administrativos decorrentes do procedimento licitatório além da previsão legal. No entanto, esse bloqueio é perfeitamente removível pelo inciso IV do art. 5º da CF, que estende esse direito a qualquer ato administrativo. Portanto, o rol trazido pelo art. 109 [...] deve ser tomado como exemplificativo, sem embargo de recursos contra atos não albergados expressamente, aproveitando-se os prazos consignados para estes" (*Licitações*: comentários, teoria e prática: lei nº 8.666/93, p. 188).

permissivas: habilitação ou inabilitação; julgamento das propostas; anulação ou revogação; indeferimento de pedido de inscrição em registro cadastral, sua alteração ou cancelamento; rescisão unilateral do contrato; e aplicação das sanções de advertência, suspensão temporária e multa.

O recurso é notadamente hierárquico, uma vez que o §4º do art. 109 do Estatuto prevê que o mesmo deva ser dirigido à autoridade superior, de modo que essa possa examinar a decisão proferida, considerada pelo recorrente irregular, devendo, todavia, "passar" pela autoridade que praticou o ato, a qual poderá reconsiderar a sua decisão no prazo de cinco dias úteis.

Esse mandamento, devido a texto legal bastante infeliz, tem causado transtornos aos aplicadores em momento crucial do procedimento.

O prazo para a interposição de recurso hierárquico é de 5 dias, a contar da intimação do ato, devendo, como já esposado, ser dirigida a petição à autoridade hierarquicamente superior, por intermédio daquela que praticou o ato recorrido, a qual poderá reconsiderar sua decisão, no prazo máximo de 5 dias úteis, ou, em igual lapso de tempo, encaminhar o recurso devidamente instruído à decisão da autoridade a quem foi endereçado o recurso, que deverá proferir a decisão também no prazo de 5 dias úteis, a contar da data do recebimento.

De regra, a intimação do ato suscetível de recurso far-se-á através da publicação na imprensa oficial, conforme determina o §1º do artigo 109. Todavia, nas hipóteses de habilitação ou inabilitação e no julgamento das propostas, se todos os representantes legais dos licitantes estiverem presentes no ato de adoção da decisão, a intimação se fará através de comunicação direta, lavrando-se a ata respectiva.

Qualquer ato da Administração relacionado com o objeto de licitação ou com o contrato, do qual não caiba recurso hierárquico, é cabível de representação.

Aparentemente, nos termos literais da regulação legal, a representação só é pertinente aos participantes de uma licitação ou aos contratados. Entretanto, a boa doutrina e o bom direito sustentam que este tipo de petição pode ser adotado por qualquer pessoa, buscando afastar irregularidade manifesta. É o que pondera Cretella Júnior:

> De qualquer ato da Administração, decorrente da aplicação da lei vigente que, no momento, regule o certame, poderá o licitante ou qualquer outra pessoa discordar, por lhe ser prejudicial, mediante recurso de representação, que consiste em denúncia formal, expressa e assinada do interessado, contra atos internos arbitrários e ilegais, a fim de que cesse a irregularidade denunciada.[125]

A representação é cabível no prazo de cinco dias úteis da intimação da decisão, devendo, nesse cômputo, ser sempre considerado o disposto no art. 110 do estatuto.

Por fim, há o pedido de reconsideração, que é a forma de petição que tem como objetivo levar à mesma autoridade que praticou o ato a solicitação de reexame da decisão tomada.

No âmbito das licitações, tal pedido é cabível para questionar decisão de Ministro de Estado ou de Secretário Estadual ou Municipal, concernente à penalização de declaração de inidoneidade para licitar ou contratar com a Administração Pública.[126]

Na verdade, em nosso ordenamento jurídico, o pedido de reconsideração não se cinge apenas ao fato indicado na lei, mas sim a qualquer decisão administrativa com a qual não se conformou o recorrente. Por essa razão é que parte da doutrina contesta o uso restritivo imposto. Marcos Juruena, batendo nessa tecla, leciona:

---

[125] CRETELLA JÚNIOR. *Das licitações públicas*: comentários à nova Lei federal nº 8.666, de 21 de junho de 1993, p. 367. Da mesma forma, MEIRELLES. *Direito administrativo brasileiro*, p. 232; e SOUTO. *Licitações e contratos administrativos*: doutrina: Lei nº 8.666, de 21.06.93, comentada. 3. ed. rev., ampl. e atual. pela EC nº 19/98 e pela Lei nº 9.648, de 27.5.98 e Lei nº 9.854, de 27.10.99, p. 232.

[126] Não confundir com o pedido de reabilitação, solicitado também à autoridade sancionadora, com delineamento próprio, conforme prescreve o inciso IV, art. 87, do Estatuto.

> O fato de o Estatuto só ter mencionado como fato motivador a aplicação de pena de declaração de inidoneidade não significa que não caiba tal pedido de outras decisões. No Estado do Rio de Janeiro, por exemplo, cabe aos Secretários de Estado a homologação das licitações da Administração Direta (fiscalização hierárquica) e, também, da Administração Indireta vinculadas à sua pasta (supervisão ou tutela, também chamado controle finalístico).[127]

Calha obtemperar que, no rito processual, dois efeitos advêm da interposição de um recurso: o devolutivo, comum a todos os recursos, e o suspensivo, em situações especiais.

O efeito devolutivo é inerente à natureza recursal, oferecendo a possibilidade de reexame do ato decisório pela autoridade que praticou o ato, ou mesmo por outra hierarquicamente superior.

O efeito suspensivo, por sua vez, somente ocorre quando a paralisação do procedimento é necessária, a partir do momento da interposição do recurso, perdurando a paralisação até que haja a decisão concernente ao pleiteado.

Em sede de licitações públicas, tanto o recurso contestando o resultado habilitatório, como contra o resultado do julgamento das propostas têm efeito suspensivo. Nessas fases, o procedimento licitatório restará suspenso até que haja a decisão referente à petição interposta.

Se presentes razões de interesse público, a autoridade competente poderá, motivadamente, atribuir efeito suspensivo aos demais recursos.

Interposto o recurso, está obrigada a Administração a abrir vista aos demais licitantes (com, evidentemente, uma comunicação formal) para que, em idêntico prazo de 5 (cinco) dias úteis, se manifestem, caso entendam necessário (impugnando-o).

Emerge daí uma indagação importante: o licitante que não interpôs a impugnação no prazo concedido poderá

[127] SOUTO. *Licitações e contratos administrativos*: doutrina: Lei n. 8.666, de 21.06.93, comentada. 3. ed. rev., ampl. e atual. pela EC nº 19/98 e pela Lei n. 9.648, de 27.5.98 e Lei nº 9.854, de 27.10.99, p. 232.

recorrer, caso a comissão de licitação, acatando o recurso interposto, reconsidere sua decisão, modificando-a? Não temos dúvidas de que sim, considerando que a comissão divulgou novo julgamento, atacável através de recurso. Além disso, como bem ponderou Fernando Normando, há o fato de que o licitante não está obrigado a impugnar, mesmo porque a interposição de recurso não implica, por si só, uma situação concreta de prejuízo.[128]

Como já informado, diante do efeito devolutivo inerente à natureza recursal, o recurso deve ser dirigido à autoridade superior, por intermédio daquela que praticou o ato recorrido.

A autoridade que decidirá em última instância deve estar em condições para julgar. Daí a necessidade de o recurso "tramitar" pelo agente que proferiu o ato, de modo que tenha oportunidade de revê-lo, ou encaminhá-lo, devidamente informado, isto é, instruído com os elementos necessários e justificadores de sua decisão, à autoridade superior.

O prazo para avaliação e decisão do agente que praticou o ato é de 5 (cinco) dias úteis. Nesse prazo, impreterivelmente, duas decisões poderão ser tomadas: a reconsideração, findando-se, assim, a tramitação recursal; ou, mantido o ato, o envio à autoridade superior.

Recebido o recurso (devidamente informado) pela autoridade superior competente, terá ela prazo idêntico de 5 (cinco) dias úteis, contado do dia em que o recebeu, para proferir sua decisão, sob pena de responsabilidade.[129]

A severa e literal observação dessa prescrição legal tem demandado erro de procedimento em diversas licitações, não só quanto ao procedimento em si, como também no que diz

---

128 NORMANDO. O recurso. *BLC – Boletim de Licitações e Contratos*, p. 494.

129 Marcos Juruena, após relembrar que o preceito visa a agilizar o controle da Administração, informa que não se tem notícia de que alguma autoridade tenha sido punida por tal atraso (*Licitações e contratos administrativos*: doutrina: Lei nº 8.666, de 21.06.93, comentada, p. 224). No caso de não cumprimento dos prazos, é cabível o mandato de segurança, em face de caracterizar-se abuso de poder, com fulcro na conduta irregular, denominada por Hely Lopes Meirelles "conduta omissiva".

respeito aos prazos a serem computados. Nessa contagem, não se deve descurar do prazo, voltado para a possibilidade de os demais licitantes apresentarem impugnações (as chamadas, por alguns, de "contrarrazões").

Também se faz mister o perfeito atendimento ao preconizado no §5º do mesmo art. 109 da Lei nº 8.666/93, que determina a franquia prévia dos autos do processo ao interessado, além do seguimento irrestrito ao disposto no art. 110, que aponta os dias corretos para início e fim de cada prazo.

Assim, o cômputo do prazo se perfaz percorrendo-se os seguintes passos:

1. Intimação do ato (publicação na imprensa oficial ou lavratura da ata);
2. Franquia do processo aos interessados;
3. Início da contagem do prazo recursal de 5 dias (obedecendo o disposto no art. 110);
4. Havendo recurso, comunicação aos demais licitantes;
5. Observância do prazo de 5 (cinco) dias úteis para a impugnação;
6. Término dos 5 (cinco) dias úteis abertos para impugnação;
7. Início do prazo de 5 (cinco) dias úteis para avaliação, o que demandará a manutenção ou reconsideração da autoridade que praticou o ato recorrido (quase sempre, a comissão de licitação);
8. Tendo reconsiderado, término da tramitação recursal;
9. Caso a decisão tenha sido mantida, envio, devidamente informando, à autoridade superior (no prazo máximo de até 5 dias úteis);
10. Recebimento da autoridade superior e início do prazo de 5 (cinco) dias úteis para a sua decisão; e
11. Resposta formal ao interessado e comunicação aos demais licitantes (divulgação).

Uma questão sobressai neste confuso delineamento da fase recursal. Afirmamos que, tendo a autoridade que praticou o ato recorrido, dado provimento ao recurso, findada estaria

a tramitação recursal.[130] Indaga-se, entretanto, se, seguindo o trâmite normal do recurso hierárquico, nos moldes do agravo de instrumento do processo judicial civil, deveria o recurso "subir" para que a autoridade superior deliberasse.
Jessé Torres defende a hipótese com certa hesitação:

> Parece que sim, posto que a matéria continuaria controvertida na primeira instância administrativa [...] Daí concluir-se que a autoridade *a quo*, qualquer que seja sua posição em face do recurso, deve remetê-lo à instância superior, a menos que nenhum outro licitante houvesse oferecido impugnação ao recurso, caso em que a retratação poria fim ao reexame da questão.[131]

Em que pese a sempre abalizada opinião do ilustre magistrado, sua indecisão, ao iniciar o texto, demonstra a fragilidade da construção interpretativa. Ora, primeiro, por não existir esse comando na lei. Depois, por não ter o dispositivo que trata o assunto vestes completas de recurso hierárquico, tal como ocorre no Judiciário. Na verdade, trata-se de recurso hierárquico administrativo, em que, diferentemente do trato processual do Poder Judiciário, há limites para a decisão da autoridade superior.

Sobeja relembrar, portanto, sorvendo as lições de Hely Lopes Meirelles, que, considerando ser o julgamento ato de exclusiva competência da comissão de licitação (ou do responsável pelo convite, ou, ainda, pelo pregoeiro, em face da nova modalidade de licitação soerguida), descabe modificação do resultado por parte da autoridade superior,[132] sendo a ele

---

[130] Da mesma forma, Carlos Ari Sundfeld: "Se o agente recorrido reconsiderar o seu ato, estará encerrada a tramitação do recurso" (*Licitação e contrato administrativo*: de acordo com as leis 8.666/93 e 8.883/94, p. 191).

[131] PEREIRA JÚNIOR. *Comentários à Lei das licitações e contratações da administração pública*, p. 608.

[132] A doutrina em peso agasalha tal procedimento. Toshio Mukai, por exemplo, assevera: "Anote-se que o julgamento da concorrência e da tomada de preços é de competência exclusiva da comissão de licitação (art. 51), razão por que a autoridade superior, ao apreciar o recurso, não poderá substituir o julgamento recorrido por outro seu, somente podendo, na decisão recursal, ou confirmar o julgamento efetuado pela comissão, ou anulá-lo, ou invalidar a própria licitação, conforme o caso" (*Licitações e*

reservado tão somente, caso não ratifique a decisão, seguir um dos seguintes passos:

a) concluindo por vício sanável, devolver todo o processo à Comissão (ou ao agente responsável) para nova apreciação;[133]
b) concluindo por vício insanável, anular a licitação;
c) tendo ocorrido fato superveniente, revogar a licitação, com fulcro no interesse público, conforme dispõe o art. 49 da lei.[134]

Como já abordado, assegurando-se o perfeito atendimento ao contraditório e ampla defesa, nenhum prazo de recurso, representação ou pedido de reconsideração poderá ter início sem que os autos do processo estejam com vista franqueada ao interessado.

Parágrafo único do artigo 13

Parágrafo único. É facultado à administração, quando o convocado não assinar a ata de registro de preços no prazo e condições estabelecidos, convocar os licitantes remanescentes, na ordem de classificação, para fazê-lo em igual prazo e nas mesmas condições propostas pelo primeiro classificado.

A regulamentação segue a regra estabelecida no §2º do art. 64 da Lei nº 8.666/93, a qual, ao facultar à Administração convocar licitantes remanescentes na ordem de classificação,

contratos públicos: comentários à Lei n. 8.666/93, com as alterações da Lei nº 9.648/98 e análise das licitações e contratos na EC nº 19/98, reforma administrativa, p. 144).

133 Apesar da devolução, a Comissão (ou o agente responsável), após reapreciar a questão, poderá manter sua decisão.

134 Na verdade, como sustenta a boa doutrina, a revogação é ato ínsito do administrador público competente, independentemente da ocorrência de fato superveniente.

na hipótese de o adjudicatário se recusar a assinar o contrato, impõe o atendimento nas mesmas condições de preço propostas pelo faltoso.

No caso, faculta-se a convocação dos remanescentes na hipótese de recusa de assinatura da ARP por parte do convocado.

Relembra-se, como antes esposado, que, como informa o §3º do art. 11, a habilitação dos fornecedores remanescentes, que comporão o cadastro de reserva, deverá ocorrer quando a Administração convocá-los em face da não assinatura da ARP pelo melhor classificado no prazo e condições estabelecidos, e quando houver necessidade de contratação de fornecedor remanescente devido ao cancelamento da ARP.

Em função da necessidade de atendimento das condições propostas pelo primeiro classificado, os convocados não estão obrigados a acatar o chamado, só o fazendo se desejarem.

Artigo 14

Art. 14. *A ata de registro de preços implicará compromisso de fornecimento nas condições estabelecidas, após cumpridos os requisitos de publicidade.*

Parágrafo único. A recusa injustificada de fornecedor classificado em assinar a ata, dentro do prazo estabelecido neste artigo, ensejará a aplicação das penalidades legalmente estabelecidas.

Segundo o inc. II do art. 2º, a ARP é um documento vinculativo, obrigacional, com característica de compromisso para futura contratação, em que se registram os preços, fornecedores, órgãos participantes e condições a serem praticadas, conforme as disposições contidas no instrumento convocatório e propostas apresentadas. Deste modo, o artigo faz constar que a recusa injustificada em assiná-la, dentro do prazo estabelecido, demandará a aplicação das penalidades.

Ainda que a ARP não constitua um contrato, os naturais contornos compromissais determinam, para a segurança de sua adoção, que se estabeleça uma forma efetiva de penalização nas recusas de assinatura.

O dispositivo calca-se na regra instituída no art. 81 da Lei nº 8.666/93, *verbis*:

> Art. 81. A recusa injustificada do adjudicatário em assinar o contrato, aceitar ou retirar o instrumento equivalente, dentro do prazo estabelecido pela Administração, caracteriza o descumprimento total da obrigação assumida, sujeitando-o às penalidades legalmente estabelecidas.[135]

Vide que antes a Lei nº 8.666/93 dispunha no art. 64:

> Art. 64. A Administração convocará regularmente o interessado para assinar o termo de contrato, aceitar ou retirar o instrumento equivalente, dentro do prazo e condições estabelecidos, sob pena de decair o direito à contratação, sem prejuízo das sanções previstas no art. 81 desta Lei.

Portanto, com o término da licitação, adentra-se na fase de convocação do licitante para a assinatura da ARP. A recusa injustificada de assinatura sujeita o fornecedor registrado às sanções administrativas.

Pelo dispositivo, dá-se ao fornecedor que se recusar a assinar a ata o mesmo tratamento determinado ao contratado inadimplente.

Ao revés, não se faz necessário não confundir os institutos jurídicos que envolvem a hipótese. No caso de fornecedor que se recusa a assinar a ARP, a punição se dá em função

---

[135] "Art. 64. A Administração convocará regularmente o interessado para assinar o termo de contrato, aceitar ou retirar o instrumento equivalente, dentro do prazo e condições estabelecidos, sob pena de decair o direito à contratação, sem prejuízo das sanções previstas no art. 81 desta Lei".

do descumprimento total da obrigação assumida. Com a propositura de preço, participando efetivamente do certame licitatório, o licitante assume um compromisso perante a Administração: o de vir a celebrar contrato(s) na forma proposta. Não atendendo ao chamado para assinar a ata, frustra o objetivo da licitação e origina situação danosa para a Administração. À semelhança do "adjudicatário faltoso", a proposta apresentada caracteriza-se como uma responsabilidade pré-contratual, passível de sanção por descumprimento.

Dois aspectos são de vital importância: a) a sanção pecuniária (multa) só poderá ser aplicada se no instrumento convocatório constar, de forma explícita, essa possibilidade, com indicação precisa do percentual sobre o valor proposto; e b) a Administração não pode relevar aplicação da penalização, por não ser lícito ao administrador público abrir mão de direito do Estado.

As penalidades possíveis são as previstas no art. 87 da Lei nº 8.666/93:

> Art. 87. Pela inexecução total ou parcial do contrato a Administração poderá, garantida a prévia defesa, aplicar ao contratado as seguintes sanções:
>
> I – advertência;
>
> II – multa, na forma prevista no instrumento convocatório ou no contrato;
>
> III – suspensão temporária de participação em licitação e impedimento de contratar com a Administração, por prazo não superior a 2 (dois) anos;
>
> IV – declaração de inidoneidade para licitar ou contratar com a Administração Pública enquanto perdurarem os motivos determinantes da punição ou até que seja promovida a reabilitação perante a própria autoridade que aplicou a penalidade, que será concedida sempre que o contratado ressarcir a Administração pelos prejuízos resultantes e após decorrido o prazo da sanção aplicada com base no inciso anterior.

Artigo 15

Art. 15. *A contratação com os fornecedores registrados será formalizada pelo órgão interessado por intermédio de instrumento contratual, emissão de nota de empenho de despesa, autorização de compra ou outro instrumento hábil, conforme o art. 62 da Lei nº 8.666, de 1993.*

Tendo os vencedores da licitação assumido o compromisso do fornecimento ou da prestação dos serviços nas condições estabelecidas, e conforme propostas apresentadas, os órgãos interessados formalizarão o instrumento contratual respectivo.

As regras dispostas no art. 62 da Lei nº 8.666/93 informam que o documento contratual decorrente de licitação instaurada na modalidade concorrência é o contrato, facultada a sua substituição, a critério da Administração e independentemente do valor do objeto, nas compras com entrega imediata e integral, das quais não resultem obrigações futuras, inclusive assistência técnica.

Dessa forma, tendo sido escolhida a modalidade licitatória para o SRP a concorrência, obrigar-se-á a Administração a celebrar sempre contratos, a não ser nas prontas entregas, sob as condições estabelecidas (não resultar obrigação futura), quando poderá adotar instrumentos substitutivos (nota de empenho de despesa, autorização de compra, carta-contrato, ordem de execução de serviço, etc.).

Como, entretanto, deveria ser encarada a regra da "pronta entrega" no SRP? A Lei nº 8.666/93, no §4º do art. 40, informa que, como pronta entrega, deve ser entendida a compra cuja entrega ocorra no prazo de até 30 (trinta) dias da data de apresentação da proposta. É evidente que o legislador, ao apontar o marco inicial desse cômputo temporal, não estava, em momento algum, pensando na licitação *sui generis* realizada sob o regime de registro de preços. Voltou-se, certamente, para os atos procedimentais comuns. A expressão "pronta entrega" (do latim *promptus*: à disposição) é empregada na acepção jurídica, principalmente no âmbito do Direito Comercial, para designar o que já se mostra acabado, feito e realizado, pronto, portanto, para ser entregue. Entenda-se, assim, como a entrega imediata do objeto contratual, o que, em outras palavras, designa que o objeto está à disposição do comprador no momento que o negócio ultimou-se.

Logo, no caso das concorrências através de SRP, é de se entender que esse prazo não pode ser contado a partir da data da proposta, uma vez que as proposições são efetuadas somente para fins de registro, visando a futuras contratações, que poderão ocorrer ou não, e em épocas das mais distintas.

Portanto, outra não poderá ser a interpretação que não seja a de que, para os contratos oriundos do SRP, a pronta entrega, para fins de substituição do contrato por documentos substitutivos, será definida por contratação, computando-se o lapso temporal a partir das celebrações de cada um dos acordos.

Com relação ao uso do pregão, é de se ater que a modalidade não está atrelada a valores (art. 11 da Lei nº 10.520/02).

Em face do estabelecido no art. 9º da Lei nº 10.520/02, que determina a aplicação subsidiária das normas da Lei nº 8.666/93 para o pregão, além da expressa indicação de que nessa modalidade licitatória também há a possibilidade da utilização de documentos substitutivos do contrato (art. 21, IX, do regulamento aprovado pelo Decreto nº 3.555/00), é de se entender de forma um pouco diferenciada a situação: não sendo a modalidade concorrência, em princípio poder-se-ia avaliar que, em qualquer circunstância, independentemente do valor do objeto, o contrato poderia ser substituído por outros documentos equivalentes, já que o pregão pode ser adotado, desde que para bens e serviços comuns, sob qualquer valor. Cremos, entrementes, que, atendendo ao concebido pelo estatuto para os casos de afastamentos licitatórios, a questão estaria atrelada a valores. Assim, se os preços estiverem compreendidos nos limites previstos para as modalidades "tomada de preços" e "concorrência", o instrumento obrigatório seria o contrato. Nos demais, seria facultativo, quando, então, a Administração poderia proceder à substituição por outros instrumentos hábeis.

Artigo 16

Art. 16. *A existência de preços registrados não obriga a administração a contratar, facultando-se a realização de licitação específica para a aquisição pretendida, assegurada preferência ao fornecedor registrado em igualdade de condições.*

O mandamento deste dispositivo repete, com pequena, mas significativa alteração, a regulação preconizada no §4º do art. 15 da Lei nº 8.666/93.

Repisa-se, para solidificação do entendimento, os termos desse parágrafo:

> §4º A existência de preços registrados não obriga a Administração a firmar as contratações que deles poderão advir, ficando-lhe facultada a utilização de outros meios, respeitada a legislação relativa às licitações, sendo assegurado ao beneficiário do registro preferência em igualdade de condições.

Certamente buscando dar ao texto uma forma mais enxuta, vê-se que o redator do artigo equivocou-se, de vez que restringiu, erradamente, a faculdade de adoção de outra maneira de aquisição, uma vez que se fixou apenas na possibilidade de instauração de outra licitação em contraponto ao registro de preços. Nesse particular, a lei é o mandamento a ser seguido, porquanto, acertadamente, indica a possibilidade de adoção de "outros meios", e não somente o regular procedimento licitatório, pois, é claro, dependendo do momento e do objeto, poderá valer-se a Administração dos afastamentos licitatórios por dispensa ou inexigibilidade.

De toda a sorte, o artigo apenas confirma o que a lei já dispunha, dispondo pela não obrigatoriedade da Administração de firmar contratos ainda que exista o registro de preços, assegurando ao beneficiário do registro (pessoas, físicas ou jurídicas, com preços registrados) a preferência, quando em igualdade de condições com outros que foram alcançados por intermédio de outros meios (licitação ou competente afastamento).

Essa não obrigatoriedade de celebrar contrato é uma das destacáveis vantagens do SRP em relação a outros meios licitatórios.

Artigo 17

CAPÍTULO VIII – DA REVISÃO E DO CANCELAMENTO DOS PREÇOS REGISTRADOS

Art. 17. *Os preços registrados poderão ser revistos em decorrência de eventual redução dos preços praticados no mercado ou de fato que eleve o custo dos serviços ou bens registrados, cabendo ao órgão gerenciador promover as negociações junto aos fornecedores, observadas as disposições contidas na alínea "d" do inciso II do caput do art. 65 da Lei nº 8.666, de 1993.*

O dispositivo informa, no caso de fato superveniente e imprevisível que reduza os preços praticados no mercado ou de situação que eleve o custo dos serviços ou bens registrados, que os preços da ARP poderão ser revistos, remetendo a matéria ao disposto na alínea "d", inc. II, do art. 65 da Lei nº 8.666/93.

Reza o preceptivo remetido:

> Art. 65. Os contratos regidos por esta Lei poderão ser alterados, com as devidas justificativas, nos seguintes casos: [...]
> II – por acordo das partes: [...]
> d) para restabelecer a relação que as partes pactuaram inicialmente entre os encargos do contratado e a retribuição da administração para a justa remuneração da obra, serviço ou fornecimento, objetivando a manutenção do equilíbrio econômico-financeiro inicial do contrato, na hipótese de sobrevirem fatos imprevisíveis, ou previsíveis porém de conseqüências incalculáveis, retardadores ou impeditivos da execução do ajustado, ou, ainda, em caso de força maior, caso fortuito ou fato do príncipe, configurando área econômica extraordinária e extracontratual.

Vê-se, portanto, que o decreto, na hipótese, determina que a Administração dê à ARP tratamento idêntico ao que a Lei nº 8.666/93 oferece aos contratos administrativos, nas situações que sobrevierem fatos imprevisíveis, ou previsíveis, porém, de consequências incalculáveis, retardadores ou impeditivos da execução do acordado, ou, ainda, na hipótese de força maior, caso fortuito ou fato do príncipe, configurando área econômica extraordinária e extracontratual.

A análise do dispositivo conjugada com os artigos subsequentes (18 e 19) denota que o elaborador do decreto perdeu-se na adoção da técnica legislativa. O art. 18 prevê, quando o preço registrado tornar-se superior ao preço praticado no mercado por motivo superveniente, que o Órgão Gerenciador convocará os fornecedores para negociarem a redução dos preços aos valores praticados pelo mercado. Por sua vez, o art. 19 informa, quando o preço de mercado tornar-se superior aos preços registrados e o fornecedor não puder cumprir o compromisso, que o Órgão Gerenciador poderá liberar o fornecedor do compromisso assumido, caso a comunicação ocorra antes do pedido de fornecimento, se confirmada a veracidade dos motivos e comprovantes apresentados, e convocar os demais fornecedores para assegurar igual oportunidade de negociação. Logo, o art. 18 dá a linha de ação para o caso de o preço registrado na ARP vir a torna-se superior ao do mercado, enquanto que o art. 19 dispõe sobre os procedimentos para a hipótese do preço do mercado tornar-se superior ao registrado na ARP.

Ocorre, todavia, que as soluções do art. 19 — repisa-se, para o caso do preço de mercado tornar-se superior ao preço registrado — não explicitam, a rigor, o reequilíbrio:

> Art. 19. Quando o preço de mercado tornar-se superior aos preços registrados e o fornecedor não puder cumprir o compromisso, o órgão gerenciador poderá:
>
> I – liberar o fornecedor do compromisso assumido, caso a comunicação ocorra antes do pedido de fornecimento, e sem aplicação da penalidade se confirmada a veracidade dos motivos e comprovantes apresentados; e
>
> II – convocar os demais fornecedores para assegurar igual oportunidade de negociação.

Ou seja, se o preço de mercado superar ao registrado na ARP, o Órgão Gerenciador poderá liberar o fornecedor do compromisso assumido, caso a comunicação ocorra antes do pedido de fornecimento, e convocar os demais fornecedores para assegurar igual oportunidade de negociação. Evidentemente, as soluções para o deslinde da questão devem passar pela forma inversa da sugerida no art. 18, isto é, o Órgão Gerenciador deverá convocar inicialmente os fornecedores registrados para negociar o aumento dos preços aos valores praticados pelo mercado, ou seja, o reequilíbrio. Tal se deduz não só pela lógica, mas pelos próprios termos do inc. II do art. 19 ("convocar os demais fornecedores para assegurar igual oportunidade de negociação"), que permitem inferir que, ao oferecer igual oportunidade de negociação aos demais fornecedores, a Administração já a teria oferecido ao fornecedor registrado.

Apesar de ilegal, pois a Lei nº 8.666/93 jamais possibilita qualquer tipo de reequilíbrio de preços que não seja durante a vigência contratual, essa regulamentação atende à lógica, de vez que seria impensável a manutenção de um preço por longo tempo sem a sua devida atualização.

Nesse curso, considerando a instabilidade do mercado, o art. 17 converge para reequilíbrio econômico-financeiro dos preços registrados na ARP, fazendo um paralelo com a famosa equação econômico-financeira constituída na relação que as partes inicialmente estabelecem quando da celebração de um contrato, objetivando a justa remuneração de seu objeto. Para um bom andamento da contratação, faz-se mister que essa correlação encargo/remuneração seja mantida, independentemente de qualquer fator, durante toda execução contratual.[136]

Atendendo à chamada Teoria da Imprevisão, a rigor, sempre que, comprovadamente, ocorra um desequilíbrio na relação inicialmente estabelecida entre os encargos e a retribuição financeira para a justa remuneração pela execução do objeto pretendido, é necessária a devida recomposição

Impende frisar que o reequilíbrio econômico-financeiro dos contratos administrativos beneficia à própria Administração, pois, se os particulares tivessem que considerar, projetar e embutir em seus preços as diversas consequências de tudo que poderia advir na execução de um certo objeto, certamente teriam de formular propostas bem maiores das que normalmente oferecem. Como sustenta o Advogado da União e economista Clóvis Celso Boechat, "é vantajoso para a Administração convidar os interessados a formularem a menor proposta possível, pois essa poderá ser executada se não se verificar qualquer evento posterior prejudicial".[137] [138]

---

[136] Anote-se que a referida equação econômico-financeira tem expressa previsão constitucional. Confira-se o texto do inc. XXI do art. 37 da Constituição Federal: "Art. 37 A administração pública direta e indireta de qualquer dos Poderes da União, dos Estados, do Distrito Federal e dos Municípios obedecerá aos princípios de legalidade, impessoalidade, moralidade, publicidade e eficiência e, também, ao seguinte: [...] XXI. ressalvados os casos especificados na legislação, as obras, serviços, compras e alienações serão contratados mediante processo de licitação pública que assegure igualdade de condições a todos os concorrentes, com cláusulas que estabeleçam obrigações de pagamento, mantidas as condições efetivas da proposta, nos termos da lei, o qual somente permitirá as exigências de qualificação técnica e econômica indispensáveis à garantia do cumprimento das obrigações".

[137] BOECHAT. Parecer 0012/99 DACM.

[138] Até porque nem sempre o reequilíbrio econômico-financeiro do contrato administrativo beneficia o contratado. Além da elevação, também a diminuição dos encargos

Sobre a matéria, a pena de Manoel de Oliveira Franco Sobrinho:

> Constitui princípio fundamental, portanto, integrante dos contratos administrativos, a possível previsão de preços e custos, da adoção de meios, que entre as estipulações protejam a execução e a prestação, de cláusulas que autorizem, em termos sempre atuais, no equilíbrio econômico, uma justa ou equivalente remuneração.[139]

Adverte-se, entretanto, que não é qualquer desequilíbrio que determinará a revisão, pois o contratado deve suportar alguns riscos inerentes à atividade econômica a que se entregou. Somente a denominada *álea econômica extraordinária* (fatos imprevisíveis ou, ainda que previsíveis, de consequências incalculáveis, retardadores ou impeditivos da execução do objeto) autorizará o reequilíbrio, nunca a chamada *álea ordinária* (riscos comuns). Essa máxima também é válida para os reequilíbrios das ARPs.

Não se confunda, no entanto, "reequilíbrio" com "reajuste". No reajuste, banida a ilusão de moeda estável e o consagrado realismo monetário, busca-se, devido à inflação, a revitalização do poder aquisitivo do dinheiro, alterando-se o preço da contraprestação devida pela Administração. No reequilíbrio, persegue-se o resgate do equilíbrio contratual, rompido em decorrência de encargos supervenientes, independentemente da natureza, que prejudicam uma das partes, criando-lhe uma onerosidade excessiva.[140]

Em resumo, reza o dispositivo que os preços registrados na ARP são passíveis de revisão quando de fatos que resultem num desequilíbrio econômico-financeiro devidamente

---

constitui fato motivador da redução da retribuição paga pela Administração. Consoante leciona Antônio Carlos Cintra do Amaral, "a teoria da imprevisão é uma via de duas mãos. O dever de reequilibrar o contrato administrativo impõe-se tanto para aumentar quanto para diminuir o preço contratual" (Inflação e reequilíbrio econômico-financeiro dos contratos administrativos).

139 FRANCO SOBRINHO. *Contratos administrativos*, p. 228.

140 Não compartilhamos da opinião, sustentada por alguns autores, de que a expressão reequilíbrio econômico-financeiro indicaria o gênero, do qual seriam espécies o reajuste, a atualização financeira, a correção monetária e a revisão.

comprovado, resultantes de situações imprevisíveis ou, mesmo que previsíveis, de consequências incalculáveis.

Artigos 18 e 19

Art. 18. *Quando o preço registrado tornar-se superior ao preço praticado no mercado por motivo superveniente, o órgão gerenciador convocará os fornecedores para negociarem a redução dos preços aos valores praticados pelo mercado.*

§1º Os fornecedores que não aceitarem reduzir seus preços aos valores praticados pelo mercado serão liberados do compromisso assumido, sem aplicação de penalidade.

§2º A ordem de classificação dos fornecedores que aceitarem reduzir seus preços aos valores de mercado observará a classificação original.

Art. 19. *Quando o preço de mercado tornar-se superior aos preços registrados e o fornecedor não puder cumprir o compromisso, o órgão gerenciador poderá:*

I – liberar o fornecedor do compromisso assumido, caso a comunicação ocorra antes do pedido de fornecimento, e sem aplicação da penalidade se confirmada a veracidade dos motivos e comprovantes apresentados; e

II – convocar os demais fornecedores para assegurar igual oportunidade de negociação.

Parágrafo único. Não havendo êxito nas negociações, o órgão gerenciador deverá proceder à revogação da ata de registro de preços, adotando as medidas cabíveis para obtenção da contratação mais vantajosa.

Como esposado, os arts. 18 e 19 dão curso aos procedimentos de reequilíbrio dos preços registrados na ARP, informando as condutas da Administração nas hipóteses de os valores se tornarem superiores ao praticado no mercado, ou, inversamente, quando os de mercado ficarem superiores aos registrados.

Assim, quando por motivo superveniente o preço registrado tornar-se superior ao preço do mercado, caberá ao Órgão Gerenciador convocar os fornecedores para negociação de redução ao valor praticado.

O §1º apenas registra a impossibilidade de punição, no caso de os fornecedores não aceitarem reduzir seus preços.

O §2º apenas enfoca a natural necessidade de a Administração observar a classificação original ao estabelecer a ordem de classificação dos fornecedores que aceitarem reduzir seus preços.

Por sua vez, quando o preço de mercado tornar-se superior aos preços registrados e o fornecedor não puder cumprir o compromisso, o Órgão Gerenciador, após a negociação no sentido de reequilibrar o preço, consoante as nossas ponderações na análise do artigo anterior, poderá liberar o fornecedor, caso a comunicação ocorra antes do pedido de fornecimento, sem aplicação da penalidade, se confirmada a veracidade dos motivos e comprovantes apresentados, e convocará os demais fornecedores para igual oportunidade de negociação. Se as negociações não lograrem êxito, o Órgão Gerenciador revogará a ARP, adotando as medidas cabíveis para obtenção da contratação mais vantajosa, ou seja, providenciará nova licitação ou, em situações específicas, afastará o certame (por dispensa ou inexigibilidade).

Artigos 20 e 21

Art. 20. *O registro do fornecedor será cancelado quando:*

I – descumprir as condições da ata de registro de preços;

II – não retirar a nota de empenho ou instrumento equivalente no prazo estabelecido pela Administração, sem justificativa aceitável;

III – não aceitar reduzir o seu preço registrado, na hipótese deste se tornar superior àqueles praticados no mercado; ou

IV – sofrer sanção prevista nos incisos III ou IV do caput do art. 87 da Lei nº 8.666, de 1993, ou no art. 7º da Lei nº 10.520, de 2002.

Parágrafo único. O cancelamento de registros nas hipóteses previstas nos incisos I, II e IV do caput será formalizado por despacho do órgão gerenciador, assegurado o contraditório e a ampla defesa.

Art. 21. *O cancelamento do registro de preços poderá ocorrer por fato superveniente, decorrente de caso fortuito ou força maior, que prejudique o cumprimento da ata, devidamente comprovados e justificados:*

I – por razão de interesse público; ou

II – a pedido do fornecedor.

O dispositivo enumera os motivos para o cancelamento do registro de preços: a) descumprimento das condições da ARP; b) não retirada da nota de empenho ou instrumento equivalente no prazo estabelecido pela Administração, sem justificativa aceitável; c) não aceitação de redução de preço registrado, na hipótese de este se tornar superior àqueles praticados no mercado; e d) ocorrência das sanções previstas nos incisos III ou IV do *caput* do art. 87 da Lei nº 8.666/93 (suspensão temporária de participação em licitação e impedimento de contratar com a Administração por prazo não superior a dois anos, e declaração de inidoneidade para licitar ou contratar com a Administração Pública enquanto perdurarem os motivos determinantes da punição ou até que seja promovida a reabilitação perante a própria autoridade que aplicou a penalidade) ou no art. 7º da Lei nº 10.520/02 (impedimento de licitar e contratar com a União, Estados, Distrito Federal ou Municípios e descredenciamento no SICAF ou nos sistemas de cadastramento de fornecedores a que se refere o inciso XIV do art. 4º desta lei, pelo prazo de até cinco anos).

O parágrafo único, que prevê o contraditório e a ampla defesa, dá conotação de punição ao cancelamento da ARP. Ocorre que o artigo 87 da Lei nº 8.666/93 não lista este tipo de punição, o que dá ao dispositivo certo ar de ilegalidade. Deve-se entender, entretanto, que o redator do decreto buscou adaptar a situação às características especiais do SRP, com fulcro no ato de controle determinado pelo inciso II do §3º do art. 15 da Lei nº 8.666/93, pelo que, apesar da não caracterização do cancelamento como punição, resolveu permitir que aquele que venha a ter seu registro cancelado possa questionar o ato.

Soma-se a essas razões, a ocorrência de fato superveniente, decorrente de caso fortuito ou força maior em face de interesse público (inc. I do art. 21) ou a pedido do fornecedor (inc. II do art. 21), desde que prejudicial ao cumprimento da ARP e devidamente comprovado e justificado.

Artigo 22 e parágrafos 1º e 2º

CAPÍTULO IX – DA UTILIZAÇÃO DA ATA DE REGISTRO DE PREÇOS POR ÓRGÃO OU ENTIDADES NÃO PARTICIPANTES

Art. 22. *Desde que devidamente justificada a vantagem, a ata de registro de preços, durante sua vigência, poderá ser utilizada por qualquer órgão ou entidade da administração pública federal que não tenha participado do certame licitatório, mediante anuência do órgão gerenciador.*

§1º Os órgãos e entidades que não participaram do registro de preços, quando desejarem fazer uso da ata de registro de preços, deverão consultar o órgão gerenciador da ata para manifestação sobre a possibilidade de adesão.

§2º Caberá ao fornecedor beneficiário da ata de registro de preços, observadas as condições nela estabelecidas, optar pela aceitação ou não do fornecimento decorrente de adesão, desde que não prejudique as obrigações presentes e futuras decorrentes da ata, assumidas com o órgão gerenciador e órgãos participantes.

O capítulo IX dedica-se a regulamentar as adesões externas à ARP, ou seja, a utilização da ata por órgãos ou entidades que não tenham participado da licitação, conhecida no meio licitatório como "carona".

O dispositivo assegura — desde que seja comprovada a vantagem — que a ARP poderá ser utilizada por qualquer órgão ou entidade da Administração Pública federal não participante do certame licitatório, mediante a aceitação do Órgão Gerenciador. Em princípio, a regra está circunscrita aos entes federais. A necessidade de anuência do Órgão Gerenciador não deixa dúvidas quanto ao poder discricionário. Ao receber a solicitação, o Órgão Gerenciador deverá apreciar e sopesar as circunstâncias para concordar ou não com o pedido. Anote-se que, com outras palavras, o §1º repete o *caput*.

Trata-se de dispositivo elogiável, diante da desburocratização e economicidade que proporciona — reduzindo, em muito, o trabalho, os gastos e o tempo —, mas criticável, em função da total falta de amparo legal.[141]

Impende frisar, para o bom entendimento do estabelecido, que o redator do texto regulamentar preocupou-se em fixar dois elementos além do Órgão Gerenciador: os Órgãos Participantes e os Órgãos não Participantes. Os primeiros, participantes de origem da licitação — informando os objetos pretendidos, condições, características e quantidades — e, em consequência, integrantes da ARP; os segundos, os "caronas", ou seja, os que, não tendo participado da competição (não constando, em decorrência, da ARP), consultam o Órgão Gerenciador e solicitam o uso da ata.

---

[141] Com o mesmo entendimento, Joel de Menezes Niebuhr: "A figura do *carona* foi criada de forma independente e autônoma por meio de regulamento administrativo, do Decreto Federal nº 3.931/01. Nesse sentido, é forçoso afirmar que o Presidente da República, ao criar o *carona* sem qualquer amparo legal, excedeu as suas competências constitucionais (inciso IV do artigo 84 da Constituição Federal), violando abertamente o princípio da legalidade" (NIEBUHR. "Carona" em ata de registro de preços: atentado veemente aos princípios de direito administrativo. *Revista Zênite – Informativo de Licitações e Contratos – ILC*, p. 13-19). Paulo Sérgio de Monteiro Reis apresenta mais um motivo, em forma de indagação, para demonstrar a ilegalidade do *carona*: "O SRP foi criado para atender as contratações frequentes, para as necessidades rotineiras. Órgão ou entidade que tenha necessidades rotineiras pode deixar de realizar licitações para registro de preços e passar a aderir às Atas vigentes no mercado? Ou, inversamente, se para um determinado órgão/entidade a necessidade do bem ou do serviço não é frequente (trata-se de uma necessidade que, para esse órgão/entidade, só existe naquele momento), a contratação pode ser feita utilizando um Registro de Preços, por meio de adesão a uma Ata?" (REIS. Sistema de registro de preços: a panaceia nas contratações? *Revista Zênite – Informativo de Licitações e Contratos – ILC*, p. 42-47).

É inconteste que o permissivo é altamente vantajoso para os que "pegam carona" e, quase sempre, para os fornecedores registrados, uma vez que, para "caronas", acarreta agilidade nas contratações e economicidade de toda ordem, e, para os fornecedores, ganhos extras, com mais contratações.[142]

Obviamente, os fornecedores ou prestadores de serviços detêm a faculdade de aceitar ou não a execução do objeto para os possíveis novos contratantes, de vez que não propuseram preços para tais atendimentos. Assim, não poderiam ser impingidos a cumprir obrigações não assumidas. Impende frisar que só deverão aceitar a execução extra se inexistir prejuízo no atendimento das obrigações assumidas com o Órgão Gerenciador e Órgãos Participantes.

Parágrafos 3º e 4º do artigo 22

§3º As aquisições ou contratações adicionais a que se refere este artigo não poderão exceder, por órgão ou entidade, a cem por cento dos quantitativos dos itens do instrumento convocatório e registrados na ata de registro de preços para o órgão gerenciador e órgãos participantes.

§4º O instrumento convocatório deverá prever que o quantitativo decorrente das adesões à ata de registro de preços não poderá exceder, na totalidade, ao quíntuplo do quantitativo de cada item registrado na ata de registro de preços para o órgão gerenciador e órgãos participantes, independente do número de órgãos não participantes que aderirem.

---

142 Joel Niebuhr acrescenta que, além de ilegal, o instrumento contraria flagrantemente diversos princípios licitatórios: "Salta aos olhos que [...] avilta de modo desinibido e flagrante uma plêiade de princípios [...]. Pode-se afirmar que o carona, na mais tênue hipótese, impõe agravos veementes aos princípios da legalidade, isonomia, vinculação ao edital, moralidade administrativa e impessoalidade". ("Carona" em ata de registro de preços: atentado veemente aos princípios de direito administrativo. *Revista Zênite – Informativo de Licitações e Contratos – ILC*, p. 13-19).

O §3º dispõe que as aquisições ou contratações adicionais não poderão exceder, por órgão ou entidade, a cem por cento dos quantitativos registrados na ata de registro de preços. Essa possibilidade, que já consta no decreto anterior, vinha criando sérios problemas para a consecução do interesse público, pois permitia que uma licitação em que a disputa foi restrita a um determinado patamar produzisse uma infinidade de demandas contratuais semelhantes, sem qualquer redução dos valores ofertados.

Ronny Charles explicitou a situação com números:

> Imaginemos uma licitação para aquisição de 500 cartuchos de tinta para impressoras de determinado tipo, para a qual se tenha proposto uma Ata de Registro de Preços. Obviamente, chegar-se-á a um preço mínimo, diretamente relacionado à demanda proposta, parecendo evidente que, se esta fosse de 5000 cartuchos, surgiriam mais interessados e certamente seria possível o alcance de ofertas melhores, em razão da respectiva economia de escala. Ora, com o Registro de Preços e sua utilização quase indiscriminada, uma demanda inicial de 500 cartuchos poderá chegar a 5.000 ou 10.000, pela adesão de 10 ou 20 outros órgãos, com a mesma necessidade, sem que haja qualquer redução nos preços ofertados.

Considerando imprópria a utilização da ferramenta, o TCU[143] inicialmente, em 2007, determinou ao Ministério do Planejamento, Orçamento e Gestão (MPOG) a adoção de providências com vistas à reavaliação das regras para o registro de preços no Decreto nº 3.931/01, de forma a estabelecer limites para a adesão a registros de preços realizados por outros órgãos e entidades, visando preservar os princípios da competição, da igualdade de condições entre os licitantes e da busca da maior vantagem para a Administração Pública, tendo em vista que as em vigor permitem a indesejável situação de adesão ilimitada a atas em vigor, desvirtuando as finalidades buscadas por essa sistemática.

---

143 Tratando de possíveis irregularidades numa Ata de Registro de Preços do Pregão do Ministério da Saúde, consoante o decidido no Acórdão nº 1.487/2007.

Em oposição ao determinado pela Corte de Contas, o MPOG, em dezembro de 2007, por intermédio da Secretaria de Logística e Tecnologia da Informação (SLTI), impetrou pedido de reexame, arguindo a improcedência dos fundamentos do acórdão, invocando principalmente os princípios da economicidade e da eficiência, e concluindo, considerando que a ARP tinha origem numa licitação altamente competitiva e que o instituto do "carona" atenderia a determinados pressupostos legais, dentre os quais o da *vantajosidade* para o Poder Público, que seria imperioso reconhecer que a fundamentação balizadora da decisão merecia revisão por partirem de premissas não adequadas à realidade da Administração, que, ao contrário do alegado, vinha obtendo inúmeras vantagens.

Nesse viés, considerando que se avolumava a inapropriada prática, sem nenhuma atitude efetiva do MPOG, o TCU, em decisão proferida 23.05.2012, resolveu dar um definitivo basta no uso da distorção na utilização do SRP, proferindo o Acórdão nº 1.233/2012, Plenário, no qual determinou:

> 9.3.2.1.4. a fixação, no termo de convocação, de quantitativos (máximos) a serem contratados por meio dos contratos derivados da ata de registro de preços, previstos no Decreto 3.931/2001, art. 9º, inciso II, é obrigação e não faculdade do gestor (Acórdão 991/2009-TCU – Plenário, Acórdão 1.100/2007-TCU – Plenário e Acórdão 4.411/2010-TCU-2ª Câmara); 9.3.2.1.5. em atenção ao princípio da vinculação ao instrumento convocatório (Lei 8.666/93, art. 3º, *caput*), devem gerenciar a ata de forma que a soma dos quantitativos contratados em todos os contratos derivados da ata não supere o quantitativo máximo previsto no edital; 9.3.3. quando realizarem adesão à ata de registro de preços atentem que: 9.3.3.1. o planejamento da contratação é obrigatório, sendo que se o objeto for solução de TI, caso seja integrante do SISP, deve executar o processo de planejamento previsto na IN – SLTI/MP 4/2010 (IN – SLTI/MP 4/2010, art. 18, inciso III) ou, caso não o seja, realizar os devidos estudos técnicos preliminares (Lei 8.666/93, art. 6º, inciso IX); 9.3.3.2. devem demonstrar formalmente a *vantajosidade* da adesão, nos termos do Decreto 3.931/2001, art. 8º; 9.3.3.3. as regras e condições estabelecidas no certame que originou a ata de registro de preços devem ser conformes as necessidades e condições determinadas na etapa de planejamento da contratação (Lei 8.666/93, art. 6º, inciso IX, alínea d, c/c o art. 3º, §1º, inciso I, e Lei 10.520/2002, art. 3º, inciso II);

A decisão foi reiterada por outras de mesmo teor (Acórdãos nºs 1.619/12, 1.717/12 e 1.737/12).

Realmente, a prática maculava a obrigatória isonomia entre os licitantes e prejudicava a obtenção da proposta mais vantajosa, dado que a utilização da adesão sem limitações possibilitava: a) que a ARP se tornasse uma fonte inesgotável de contratações para o licitante vencedor, fator incompatível com os princípios da competitividade e da isonomia; b) a perda da economia de escala, comprometendo a vantagem da contratação, uma vez que eram licitados montantes inferiores ao que era efetivamente contratado, com a consequente perda dos descontos que poderiam ser ofertados pelos licitantes em razão do quantitativo superior; e c) a exploração comercial das ARPs por empresas privadas e a ampliação da possibilidade de fraude ao procedimento licitatório e prática de corrupção, especialmente em licitações de grande dimensão econômica.[144]

O decreto ora analisado manteve inalterada a sistemática referente às aquisições ou contratações adicionais ("caronas"), impondo a impossibilidade de se exceder, por órgão ou entidade, a cem por cento dos quantitativos dos itens do edital e registrados na ARP para o Órgão Gerenciador e Órgãos Participantes (§3º), mas, em atendimento ao TCU, reviu as regras concernente ao quantitativo decorrente das adesões, dispondo que não poderão superar, na totalidade, ao quíntuplo do quantitativo de cada item registrado para o Órgão Gerenciador

144 Nesse diapasão, Luiz Bernardo Dias Costa: "[...] fere não somente o princípio da legalidade, mas também os princípios da impessoalidade e da moralidade, na medida em que permite todo o tipo de *lobby*, tráfico de influência e favorecimento pessoal. Ora! No momento que determinada empresa percebe que ao participar de uma licitação que busca a instituição de Ata de Registro de Preços para a possível aquisição, nos próximos 365 (trezentos e sessenta e cinco) dias de, por exemplo, 1000 (mil) computadores, em tendo o seu preço registrado, poderá, de posse da Ata de Registro de Preços, buscar em todos os rincões do País o fornecimento de outros tantos milhares de computadores, sem a necessidade de submeter-se a novo procedimento concorrencial. Portanto, de posse da Ata, de cópia do Decreto nº 3931/91 e, quiçá, de algum tipo de benefício adicional, o fornecedor possui todos os elementos de sedução que presumam permitir a sua contratação direta por parte de um ente público menos atilado" (A figura do carona nas atas de registro de preços. *RJML*, p. 18).

e Órgãos Participantes, independentemente do número de Órgãos não Participantes que vierem a aderir (§4º), ou seja, se cada "carona" aderir a 100% do quantitativo registrado, a ARP poderá ter no máximo cinco órgãos aderentes; se, por outro lado, cada "carona" aderir a apenas 50% do quantitativo registrado, essa ARP poderá ter até dez "caronas", e assim sucessivamente.

Parágrafos 5º e 6º do artigo 22

> *§5º (Revogado pelo Decreto nº 8.250, de 2014)*
>
> *§6º Após a autorização do órgão gerenciador, o órgão não participante deverá efetivar a aquisição ou contratação solicitada em até noventa dias, observado o prazo de vigência da ata.*

O Decreto nº 8.250/14 revogou o §5º, que previa que o órgão gerenciador somente poderia autorizar adesões à ARP quando existisse alguma compra ou contratação realizada pelo Órgão Gerenciador ou por algum Órgão Participante, do item de interesse do Órgão Não Participante ("carona").[145]

Com a revogação, retornar-se ao *status quo*, não havendo necessidade de o item ter sido objeto de compra ou contratação anterior.

O §6º traz limitação curiosa, pois prescreve um prazo para a adesão se efetivar. Pelo dispositivo, ainda que a adesão tenha sido autorizada, o Órgão não Participante ("carona") deverá efetuar a contratação em até noventa dias, sob pena de decadência do direito.

---

[145] O texto revogado era o seguinte: "§5º O órgão gerenciador somente poderá autorizar adesão à ata após a primeira aquisição ou contratação por órgão integrante da ata, exceto quando, justificadamente, não houver previsão no edital para aquisição ou contratação pelo órgão gerenciador".

Parágrafo 7º do artigo 22

§7º Compete ao órgão não participante os atos relativos à cobrança do cumprimento pelo fornecedor das obrigações contratualmente assumidas e a aplicação, observada a ampla defesa e o contraditório, de eventuais penalidades decorrentes do descumprimento de cláusulas contratuais, em relação às suas próprias contratações, informando as ocorrências ao órgão gerenciador.

Após o deferimento da adesão e a celebração contratual, o Órgão não Participante ("carona") passa a ter as mesmas obrigações dos outros atores do SRP, competindo-lhe, em relação às suas próprias contratações, os atos relativos à cobrança do cumprimento pelo fornecedor das obrigações assumidas e a aplicação de eventuais penalidades decorrentes do descumprimento de cláusulas contratuais, mantendo o Órgão Gerenciador sempre informado.

Parágrafos 8º e 9º do artigo 22

§8º É vedada aos órgãos e entidades da administração pública federal a adesão à ata de registro de preços gerenciada por órgão ou entidade municipal, distrital ou estadual.

§9º É facultada aos órgãos ou entidades municipais, distritais ou estaduais a adesão à ata de registro de preços da Administração Pública Federal.

Na linha do entendimento da AGU quanto ao uso de ARPs de Estados, Municípios ou Distrito Federal — vedando, por meio de orientação normativa, a adesão às atas gerenciadas por tais entes federativos[146] —, o §8º proíbe expressamente que os órgãos e as entidades da Administração Pública federal utilizem as ARPs de outras esferas governamentais.

Pondo fim à dúvida suscitada na aplicação do decreto anterior, o §9º tornou expressa a autorização para que os Estados e Municípios façam uso das ARPs de entes federais.

Artigo 23

CAPÍTULO X – DISPOSIÇÕES FINAIS E TRANSITÓRIAS

Art. 23. *A Administração poderá utilizar recursos de tecnologia da informação na operacionalização do disposto neste Decreto e automatizar procedimentos de controle e atribuições dos órgãos gerenciadores e participantes.*

Em sintonia com os avanços tecnológicos, o redator do regulamento fez constar a autorização da adoção de recursos da Tecnologia da Informação (TI) na operacionalização do SRP. A essa altura, o lembrete parece desnecessário, pois hoje em dia praticamente nada mais se produz sem o providencial auxílio da informática.[147]

---

146 AGU – Orientação Normativa nº 21: "É vedada aos órgãos públicos federais a adesão à ata de registro de preços quando a licitação tiver sido realizada pela administração pública estadual, municipal ou do distrito federal, bem como por entidades paraestatais".

147 Sobre a importância do uso da TI, sugerimos a leitura de "O Papel da Tecnologia da Informação (TI) na estratégia das organizações", de autoria de Fernando José Barbin Laurindo, Tamio Shimizu, Marly Monteiro de Carvalho e Roque Rabechini Jr. Disponível em: <http://www.scielo.br/pdf/gp/v8n2/v8n2a04>.

Artigo 24

Art. 24. *As atas de registro de preços vigentes, decorrentes de certames realizados sob a vigência do Decreto nº 3.931, de 19 de setembro de 2001, poderão ser utilizadas pelos órgãos gerenciadores e participantes, até o término de sua vigência.*

Objetivando estabelecer uma norma de transição, o dispositivo prescreve que as ARPs anteriores, alicerçadas no decreto revogado, continuam válidas até o término de sua vigência, podendo ser utilizadas pelos órgãos gerenciadores e participantes. O preceptivo silencia quanto a adesões de órgãos não participantes (caronas).

Crê-se que o elaborador do decreto perseguia uma forma para vedar as adesões, buscando, por meio da regulamentação, *fechar a porta* para a possibilidade de caronas ilimitadas, tão questionada pelo TCU, mas, de certa forma, permitida pelo regulamento revogado.

A tentativa, a nosso ver, foi vã, pois o recurso empregado não logrou êxito. Certamente teria surtido melhor efeito se o texto tivesse sido redigido de forma direta, isto é, com a indicação expressa da vedação a adesões. Ainda que questionável, considerando as regras de direito intertemporal, o resultado prático decerto seria outro.

Abstraindo-se as considerações antes feitas quanto à inconstitucionalidade do uso da adesão (carona) nas contratações públicas, tem-se que, como não poderia deixar de ser, para as ARPs em vigor a partir da data de vigência da nova ferramenta regulamentar, a regulamentação anterior mantém-se válida. Assim, não há novidade quando o dispositivo orienta no sentido de que as ARPs vigentes, decorrentes de certames realizados sob a égide do Decreto nº 3.931/01, poderão ser utilizadas pelos órgãos gerenciadores e participantes até o término de sua vigência.

Mesmo considerando que a análise se debruça sobre determinações regulamentares — e não legais —, há de se ter sempre em mente que as relações jurídicas constituídas sob o manto de norma cuja vigência se expirou não poderão, em regra, sofrer os efeitos da norma sucessora. Logo, restaria descabida, salvo raras exceções juridicamente motivadas, a interferência do novo texto regulamentar nos atos jurídicos regularmente constituídos.

Sobeja avaliar a questão das adesões, antes "caronas" e agora denominados órgãos não participantes. A permissão vigente até 22.02.2013 residia na admissão de adesões nos termos do art. 8º do Decreto nº 3.931/01, isto é, até 100% dos quantitativos registrados. O entendimento reinante inicial era que esse percentual ocorreria por órgão aderente, sem limitação de número de adesões. Todavia, após decisão do TCU,[148]

[148] Como já esposado, por intermédio do Acórdão nº 1.233/2012 – Plenário (reiterado pelos Acórdãos nº 1.619/2012, nº 1.717/2012 e nº 1.737/2012), o TCU recomendou que, em atenção ao princípio da vinculação ao instrumento convocatório (Lei nº 8.666/93, art. 3º, *caput*), os órgãos da Administração federal deveriam gerenciar a Ata de Registro de Preços (ARP) de modo que a soma dos quantitativos contratados em todos os contratos derivados da ata não superasse o quantitativo máximo previsto no edital. A recomendação adveio da constatação de impropriedades no uso do procedimento previsto no *caput* e §3º do art. 8º do Decreto nº 3.931/01, que permitia a adesão à ARP de outros órgãos ou entidades (carona), uma vez que a indeterminação das adesões representava uma ofensa ao disposto no art. 37, inc. XXI, da CF e aos princípios do art. 3º da Lei nº 8.666/93. Consoante o entendimento do TCU, a prática feria a isonomia entre os licitantes e prejudicava a obtenção da proposta mais vantajosa, dado que a utilização da adesão sem limitações possibilitava: a) que a ata se tornasse uma fonte inesgotável de contratações para o licitante vencedor, fator incompatível com os princípios da competitividade e da isonomia; b) a perda da economia de escala, comprometendo a vantagem da contratação, uma vez que eram licitados montantes inferiores ao efetivamente contratado, com a consequente perda dos descontos que poderiam ser ofertados pelos licitantes em razão do quantitativo superior; e c) a exploração comercial das atas por empresas privadas e a ampliação da possibilidade de fraude ao procedimento licitatório e da prática de conluio entre licitantes e agentes públicos, especialmente em licitações de grande dimensão econômica. Destarte, a aplicação do dispositivo deveria, em função dessa recomendação, considerar que o total das contratações derivadas de ARPs realizadas pelo órgão gerenciador, pelos participantes e os que eventualmente viessem a realizar adesões (caronas) não poderia ultrapassar 100% do quantitativo registrado.

a interpretação do dispositivo foi bastante alterada, passando a ser entendido que a soma dos quantitativos contratados em todos os contratos derivados da ARP não deveriam superar o quantitativo máximo previsto no edital.

Registre-se que, para a manutenção da segurança jurídica, a Corte de Contas federal suspendeu os efeitos do entendimento até 31.12.2012.[149] Dessa forma, a partir de 2013, a aplicação passou a ser mandatória.

Destarte, consideramos que o silêncio do Decreto quanto às adesões às ARP vigentes, decorrentes de certames realizados sob a vigência do Decreto nº 3.931/01, não possui o condão de vedá-las, pelo que poderão ocorrer normalmente, na forma prescrita pelo TCU, até o término de sua vigência.

Em resumo:

a) nas licitações instauradas a partir de 23.02.2013, as adesões deverão atender ao contido no inc. III do art. 9º c/c §§3º e 4º do art. 22 do Decreto nº 7.892/13, ou seja, o órgão não participante poderá adquirir até 100% do quantitativo registrado na ARP. A totalidade de adesões limitar-se-á, entretanto, ao quíntuplo do quantitativo registrado, isto é, se cada carona aderir a 100% do quantitativo registrado, a ARP poderá ter, no máximo, cinco aderentes; se, no entanto, cada um aderir a apenas 50% do quantitativo registrado, poderá ter até dez caronas, e assim sucessivamente;

[149] Reconhecendo que as deliberações referentes às adesões a ARP (carona) impactariam sobremaneira nas práticas contratuais adotadas por diversos órgãos da Administração, uma vez que as interrupções abruptas, sem período hábil de adaptação ou transição, poderiam acarretar transtornos aos gestores, tornando inviáveis os planejamentos efetuados, com prejuízo às compras e contratações, resolveu o TCU, em caráter excepcional, fixar um prazo para que o entendimento firmado mediante o Acórdão nº 1.233/2012 – Plenário passasse a operar seus efeitos. Assim, por intermédio do Acórdão 2.692/2012 – Plenário, a Corte de Contas federal admitiu que os procedimentos de SRP então em andamento, de acordo com a sistemática antes adotada, poderiam ter continuidade até o final do exercício em curso (2012), de modo que a Administração pudesse adaptar seus procedimentos à referida deliberação, dentro dos princípios da razoabilidade e da proporcionalidade. Dessa forma, permitiu, em caráter excepcional, até 31.12.2012, o uso de até 100% do total da ARP para todos os envolvidos (órgãos gerenciadores, órgãos participantes e caronas).

b) no que tange às ARPs ainda vigentes, decorrentes de competições realizadas sob a égide do Decreto nº 3.931/01, admitir-se-ão adesões nos termos do art. 8º do diploma revogado. Na aplicação do dispositivo, há de se considerar a interpretação do TCU para o vetusto dispositivo: o total das contratações realizadas por órgão gerenciador, órgãos participantes e os que eventualmente aderirem não poderá ultrapassar 100% do quantitativo efetivamente registrado na ARP. Em outras palavras, os aderentes (caronas) só poderão valer-se do remanescente (quantitativo que o gerenciador e os demais participantes não utilizarem).[150]

Artigos 25 e 26

Art. 25. *Até a completa adequação do Portal de Compras do Governo federal para atendimento ao disposto no §1º do art. 5º, o órgão gerenciador deverá:*

I – providenciar a assinatura da ata de registro de preços e o encaminhamento de sua cópia aos órgãos ou entidades participantes; e

[150] O TCU, talvez apenas avaliando literalmente o texto do art. 24 em comento, posicionou-se no Acórdão nº 213/2013 – Plenário, reiterado pelo Acórdão nº 855/2013, no sentido de que não é possível a adesão às atas realizadas sob a vigência do Decreto nº 3.931/01, considerando que o supracitado dispositivo prevê que somente os órgãos gerenciadores e participantes poderão fazê-lo. A forma que o Acórdão tratou a questão foi criticada por Flávia Daniel Vianna, que se postou ratificando a nossa opinião: "Realmente este Acórdão do TCU não tem pé nem cabeça. Nos fundamentos do voto, o Ministro utiliza como alegação para a vedação ao carona (na ARP constituída sob a égide do Decreto nº 3.931/01), o argumento que o edital não efetuou a previsão (expressa) da quantidade máxima a ser adquirida pelos caronas, conforme exige o art. 9º, III e 22, §4º do novo decreto. Ora, como poderia o edital, na égide do regulamento anterior, efetuar uma previsão que, na época, sequer era exigida? (e nem ao menos existia, não teria como fazê-la!). E, como segunda alegação, o Acórdão cita o art. 24 do novo regulamento, entendendo que a previsão é apenas para utilização por parte do Gerenciador ou Participantes (pelo artigo ter omitido o carona). Juridicamente, continuo em total acordo com o Prof. Sidney Bittencourt, no sentido que as Atas de Registro de Preço, formalizadas antes de 23.02.2013, podem utilizar o carona conforme dispõe o Decreto nº 3.931/01, observando, contudo, a orientação do TCU do Acórdão nº 1.233/12".

II – providenciar a indicação dos fornecedores para atendimento às demandas, observada a ordem de classificação e os quantitativos de contratação definidos pelos órgãos e entidades participantes.

Art. 26. *Até a completa adequação do Portal de Compras do Governo federal para atendimento ao disposto nos incisos I e II do caput do art. 11 e no inciso II do §2º do art. 11, a ata registrará os licitantes vencedores, quantitativos e respectivos preços.*

O §1º do art. 5º dispõe que ARP disponibilizada no Portal de Compras do Governo Federal (COMPRASNET) poderá ser assinada por certificação digital. A prática, no entanto, depende da disponibilização da funcionalidade no portal. Enquanto isso não ocorre, o Órgão Gerenciador deverá tomar duas providências: a) assinar a ARP, com o encaminhamento de cópia aos Órgãos Participantes; e b) indicar os fornecedores registrados para atendimento às demandas, observando a ordem de classificação e os quantitativos de contratação definidos pelos Órgãos Participantes.

Consoante o previsto nos incs. I e II do art. 11, depois da homologação da licitação, incluir-se-á na ARP o registro dos licitantes que aceitarem cotar os bens ou serviços com preços iguais ao do licitante vencedor na sequência da classificação do certame, que ficarão disponibilizados durante a vigência da ata. No registro deverão constar os preços e quantitativos desses licitantes.

Como o preceptivo prevê que essa informação será divulgada no COMPRASNET, e tal também dependerá de adequação do portal, o art. 26 prescreve que, até a criação da funcionalidade, a ARP registrará os licitantes vencedores, quantitativos e respectivos preços.

Artigo 27

Art. 27. *O Ministério do Planejamento, Orçamento e Gestão poderá editar normas complementares a este Decreto.*

Como tem ocorrido ao longo dos anos quando de normas voltadas para as licitações e contratações públicas, o decreto faz menção à possibilidade de edição de normas complementares por parte do MPOG.

Artigos 28 e 29

Art. 28. *Este Decreto entra em vigor trinta dias após a data de sua publicação.*

Art. 29. *Ficam revogados:*

I – o Decreto nº 3.931, de 19 de setembro de 2001; e

II – o Decreto nº 4.342, de 23 de agosto de 2002.

Findando o texto da norma regulamentar, há a disposição de praxe de sua eficácia, a ocorrer trinta dias após a data de sua publicação. Como a publicação em *DOU* se deu em 23.01.2013, o decreto entrou em vigor em 23.02.2013.

Como último dispositivo, a expressa menção às normas anteriores que resultaram revogadas: o Decreto nº 3.931, de 19 de setembro de 2001, que regulamentava a matéria, e o Decreto nº 4.342, de 23 de agosto de 2002, que alterava dispositivos do Decreto nº 3.931/01.

REFERÊNCIAS

ALCOFORADO, Luís Carlos. Reajustamento e composição do contrato administrativo. *Correio Braziliense*, Brasília, 9 fev. 1998. Caderno Direito e Justiça, p. 4.

ALECRIM, Emerson. Entendendo a Certificação Digital. Disponível em: <http://www.infowester.com/assincertdigital.php>. Acesso em: 28 maio 2013.

ARAÚJO, Aldem Johnston Barbosa. Anotações sobre o Registro de Preços instituído pelo Decreto Federal nº 3.931/2001. Disponível em: <http://www.ambito-juridico.com.br/site/?n_link=revista_artigos_leitura&artigo_id=6575&revista_caderno=4>. Acesso em: 28 maio 2013.

BANDEIRA DE MELLO, Oswaldo Aranha. *Princípios gerais de direito administrativo*. Rio de Janeiro: Forense, 1969.

BARONI, José Carlos. *O Sistema de Registro de Preços*. Ribeirão Preto: Ed. IBRAP, 2008.

BAZILLI, Roberto Ribeiro; MIRANDA, Sandra Julien. *Licitação à luz do Direito Positivo*: atualizado conforme a Emenda Constitucional 19, de 4.6.1998, e a Lei nº 9.648, de 27.5.1998. São Paulo: Malheiros, 1999.

BITTENCOURT, Sidney. *As licitações públicas e o Estatuto Nacional das Microempresas*: comentários aos artigos específicos sobre licitação pública contemplados pela Lei Complementar nº 123, de 14.12.2006 (considerando o disposto no Decreto nº 6.204, de 5.9.2007). 2. ed. rev. ampl. e atual. Belo Horizonte: Fórum, 2010.

BITTENCOURT, Sidney. *Contratos administrativos para provas, concursos e agentes públicos*. Rio de Janeiro: Freitas Bastos, 2011.

BITTENCOURT, Sidney. *Estudos sobre licitações internacionais*. 3. ed. rev. atual. e ampl. Rio de Janeiro: Temas & Idéias, 2011.

BITTENCOURT, Sidney. *Licitação de informática*: de acordo com o estabelecido na Lei nº 8.666/93, considerando as alterações determinadas pela Lei nº 10.176/01 à Lei nº 8.248/91. Rio de Janeiro: Temas & Idéias, 2003.

BITTENCOURT, Sidney. *Licitação passo a passo*: comentando todos os artigos da Lei nº 8.666/93 totalmente atualizada, levando também em consideração a Lei Complementar nº 123/06, que estabelece tratamento diferenciado e favorecido às microempresas e empresas de pequeno porte nas licitações públicas. 6. ed. rev. ampl. e atual. Belo Horizonte: Fórum, 2010.

BITTENCOURT, Sidney. *Licitações para concursos públicos*. Rio de Janeiro: Elsevier Campus, 2012.

BITTENCOURT, Sidney. *Licitações Sustentáveis*. O uso do poder de compra do Estado fomentando o desenvolvimento nacional sustentável. Belo Horizonte: Del Rey, 2014.

BITTENCOURT, Sidney. *Manual de convênios administrativos*. 2. ed. Belo Horizonte: Fórum, 2010.

BITTENCOURT, Sidney. *Parceria Público-Privada passo a passo*: comentários à Lei nº 11.079/04, que institui normas gerais para Licitação e Contratação de PPP na Administração Pública. 2. ed. Belo Horizonte: Fórum, 2011.

BITTENCOURT, Sidney. *Pregão eletrônico*: Decreto nº 5.450, de 31 de maio de 2005: Lei nº 10.520, de 17 de julho de 2002: considerando também a Lei Complementar nº 123/2006: que estabelece tratamento diferenciado e favorecido às microempresas e empresas de pequeno porte. 3. ed. Belo Horizonte: Fórum, 2010.

BITTENCOURT, Sidney. *Pregão passo a passo*: uma nova modalidade de licitação para a União, Estados, Municípios e Distrito Federal. 3. ed. Rio de Janeiro: Temas & Ideias, 2006.

BITTENCOURT, Sidney. *Pregão presencial*: regulamento aprovado pelo Decreto nº 3.555/2000: Lei nº 10.520, de 17 de julho de 2002 e 8.666/1993 atualizadas. 2. ed. Belo Horizonte: Fórum, 2012.

BITTENCOURT, Sidney. *Questões polêmicas sobre licitações e contratos administrativos*. 2. ed., atual. e ampl. com novos artigos. Rio de Janeiro: Temas & Idéias, 2001.

BOECHAT, Clovis Celso Velasco. Parecer 0012/99 DACM.

BORGES, Alice Maria Gonzalez. *Normas gerais no estatuto de licitações e contratos administrativos*. São Paulo: Revista dos Tribunais, 1991.

BORGES, Gabriela Lira. *Licitações conjuntas, dever de licitar e eficiência na contratação pública*, ILC, Zênite n. 242, abril de 2014.

CHAVES, Luiz Cláudio de Azevedo. O que muda no Sistema de Registro de Preços para os órgãos federais e quais os impactos provocados nos demais entes: breves comentários ao Decreto Federal nº 7.892/2013. Disponível em: <http://www.jmlevento.com.br/arquivos/coluna_juridica/coluna_juridica_12.pdf>. Acesso em: 28 maio 2013.

CINTRA DO AMARAL, Antônio Carlos. Inflação e Reequilíbrio Econômico-Financeiro dos Contratos Administrativos. Disponível em: <http://www.celc.com.br/comentarios/pdf/146.pdf>. Acesso em: 03 jun. 2013.

CITADINI, Antonio Roque. *Comentários e jurisprudência sobre a Lei de licitações públicas*. 3. ed. atual. e ampl. São Paulo: M. Limonad, 1999.

CORRÊA, Vera Lúcia de Almeida. *Licitações de bens e serviços de informática e automação*: procedimentos do Decreto nº 1.070/94, com as modificações introduzidas pela Emenda Constitucional nº 06/95. Rio de Janeiro: Temas & Idéias, 1999.

COSTA, Luiz Bernardo Dias. A figura do carona nas atas de registro de preços. *RJML*, Rio de Janeiro, n. 15, jun. 2010.

CRETELLA JÚNIOR, José. *Das licitações públicas*: comentários à nova Lei federal nº 8.666, de 21 de junho de 1993. 4. ed. Rio de Janeiro: Forense, 1994.

DENES, Madson. *O que é Just in Time?* Modelo de gestão adotado pelo Japão faz sucesso em todo o mundo. Disponível em: <http://www.administradores.com.br/artigos/carreira/o-que-e-just-in-time/21936/>. Acesso em: 28 maio 2013.

DI PIETRO, Maria Sylvia Zanella. Contratação de bens e serviços de informática. Aplicação do Decreto Federal nº 1.070, de 2.3.94, aos Estados e Municípios. *In*: DI PIETRO, Maria Sylvia Zanella *et al*. *Temas polêmicos sobre licitações e contratos*. 5. ed. rev. e ampl. São Paulo: Malheiros, 2001.

ESCOBAR, João Carlos Mariense. *O sistema de registro de preços nas compras públicas*: teoria e prática. Porto Alegre: Livraria do Advogado, 1996.

FERRAZ, Luciano. Pregão eletrônico. *Biblioteca Digital Fórum de Contratação e Gestão Pública – FCGP*, ano 5, n. 59, nov. 2006.

FERREIRA, Sergio de Andréa. *Comentários à Constituição*. Rio de Janeiro: Freitas Bastos, 1990. v. 3 – Biblioteca jurídica Freitas Bastos.

FRANCO SOBRINHO, Manoel de Oliveira. *Contratos administrativos*. São Paulo: Saraiva, 1981.

GRAU, Eros Roberto. *Licitação e contrato administrativo*: estudo sobre a interpretação da lei. São Paulo: Malheiros, 1995.

INTENÇÃO de Registro de Preços – IRP. Manual do Gerenciador. *ComprasNet*, Brasília, p. 4, ago. 2007. Portal de compras do Governo Federal. Disponível em: <http://www.comprasnet.gov.br>.

JACOBY FERNANDES, Jorge Ulisses. Comentários ao Decreto nº 3.931/01. *ILC – Informativo de Licitações e Contratos*, v. 9, n. 98, p. 242-268, abr. 2002.

JACOBY FERNANDES, Jorge Ulisses. *Compras pelo sistema de registro de preços*: métodos para definir qualidade e quantidade de acordo com a Lei nº 8.666/93: manual prático para implantação com todas as etapas detalhadas de acordo com o Decreto nº 2.743/98. São Paulo: J. de Oliveira, 1998.

JACOBY FERNANDES, Jorge Ulisses. Garantindo a qualidade no sistema de registro de preços. *ILC – Informativo de Licitações e Contratos*, v. 9, n. 101, p. 554-577, jul. 2002.

JUSTEN FILHO, Marçal. *Comentários à lei de licitações e contratos administrativos*: com comentários à MP 2.026, que disciplina o pregão. 7. ed. rev., ampl. e acrescida de índice alfabético de assuntos. São Paulo: Dialética, 2000.

JUSTEN FILHO, Marçal. *Comentários à lei de licitações e contratos administrativos*: de acordo com a emenda constitucional nº 19, de 4 de junho de 1998, e com a lei federal nº 9.648, de 27 de maio de 1998. 5. ed., rev. e ampl. São Paulo: Dialética, 1998.

LAURINDO, Fernando José Barbin *et al*. O Papel da Tecnologia da Informação (TI) na estratégia das organizações. Disponível em: <http://www.scielo.br/pdf/gp/v8n2/v8n2a04>. Acesso em: 28 maio 2013.

LEÃO, Eliana Goulart. *O sistema de registro de preços*: uma revolução nas licitações. 2. ed. rev. e atual. Brasília: Brasília Jurídica, 2001.

LEÃO, Eliana Goulart. *O sistema de registro de preços*: uma revolução nas licitações. Campinas: Bookseller, 1997.

MAGALHÃES, Josevan Duarte. A Intenção de Registro de Preços (IRP) no Comprasnet: uma ferramenta de excelência na gestão pública. Por que não utilizá-la?. Disponível em: <http://tdc.net.br/a-intencao-de-registro-de-precos-irp-no-comprasnet-uma-ferramenta-de-excelencia-na-gestao-publica-por-que-nao-utiliza-la/>. Acesso em: 27 maio 2013.

MALUF, Sahid. *Direito constitucional*: programa do 2º ano das faculdades de direito Sahid Maluf; revisto e adaptado ao texto constitucional de 1969. 10. ed. São Paulo: Sugestões Literárias, 1978.

MATOS, George Ávila. Adesão vertical de órgãos federais no sistema de registro de preços: breves comentários ao Acórdão 6511/2009 e à Orientação Normativa nº 21/2009 da AGU. Disponível em: <http://www.jurisite.com.br/doutrinas/administrativa/doutadm60.html>. Acesso em: 03 jun. 2013.

MEIRELLES, Hely Lopes. *Direito administrativo brasileiro*. 14. ed. atual. pela Constituição de 1988. São Paulo: Revista dos Tribunais, 1989.

MEIRELLES, Hely Lopes. *Licitação e contrato administrativo*. 10. ed. atual. por Eurico de Andrade Azevedo e Célia Marisa Prendes. São Paulo: Revista dos Tribunais, 1991.

MEIRELLES, Hely Lopes. *Licitação e contrato administrativo*. 13. ed. atualizada por Eurico de Andrade Azevedo e Maria Lúcia Mazzei de Alencar. São Paulo: Malheiros, 2002.

MENDES, Raul Armando. *Comentários ao estatuto das licitações e contratos administrativos*: com apontamentos sobre a Lei paulista nº 6.544/89. 2. ed. atual. e aum. São Paulo: Saraiva, 1991.

MENDES, Renato Geraldo. *O novo regime jurídico das licitações e contratos de acordo com a Lei nº 9648/98*. Curitiba: Znt, 1998.

MILITÃO, Antônio. *Registro de preços*: considerações acerca das modificações introduzidas no Sistema de Registro de Preços pelo Decreto nº 7.892, de 23 de janeiro de 2013.

MORAES, Norton A. F. *Do sistema de registro de preços*. Disponível em: <http://www.norton.adv.br/livro.htm>. Acesso em: 03 jun. 2013.

MOURA, Mazini Edson. Parecer DADM-C/EM/06/C, de 13.11.2012.

MUKAI, Toshio. Atualmente, o único critério para desempate nas licitações é o sorteio. *Boletim de Licitações e Contratos*, v. 10, n. 10, p. 475-476, out. 1997.

MUKAI, Toshio. *Estatutos jurídicos de licitações e contratos administrativos*: de acordo com a Constituição de 1988. 3. ed. rev. e aum. São Paulo: Saraiva, 1992.

MUKAI, Toshio. *Licitações e contratos públicos*: comentários à Lei nº 8.666/93, com as alterações da Lei nº 9.648/98 e análise das licitações e contratos na EC nº 19/98, reforma administrativa. 5. ed. rev. e ampl. São Paulo: Saraiva, 1999.

NIEBUHR, Joel de Menezes. "Carona" em ata de registro de preços: atentado veemente aos princípios de direito administrativo. *Revista Zênite – Informativo de Licitações e Contratos – ILC*, v. 13, n. 143, p. 13-19, jan. 2006.

NIEBUHR, Joel de Menezes. *Pregão*: presencial e eletrônico. 4. ed. rev., atual. e ampl. Curitiba: Zênite, 2006.

NORMANDO, Fernando. O recurso. *BLC – Boletim de Licitações e Contratos*, v. 12, n. 10, p. 492-495, out. 1999.

PALMIERI, Marcello Rodrigues. A nova Lei de informática: breve recapitulação sobre o direito de preferência. *BLC – Boletim de Licitações e Contratos*, v. 14, n. 2, p. 111-113, fev. 2001.

PEREIRA JÚNIOR, Jessé Torres. *Comentários à Lei das licitações e contratações da administração pública*. 5. ed. rev., atual. e ampl. de acordo com as Emendas Constitucionais de nº 06/95 e 19/98, com a Lei Complementar nº 101/2000, com as Leis de nº 9.648/98 e 9.854/99, e com a Medida Provisória nº 2.108/2001 e seus regulamentos, incluindo: modelos de editais e contratos, legislação e normas federais correlatas. Rio de Janeiro: Renovar, 2002.

PRADO FILHO, José Gomes do. Registro de preços, desnecessidade de decreto regulamentador para as sociedades de economia mista, validade de regulamentação própria da entidade. *BLC – Boletim de Licitações e Contratos*, v. 11, n. 6, p. 305-306, jun. 1998.

REIS, Paulo Sérgio de Monteiro. A nova regulamentação do sistema de registro de preços federal. *ILC – Informativo de Licitações e Contratos*, v. 8, n. 92, p. 846-850, out. 2001.

REIS, Paulo Sérgio de Monteiro. O sistema de registro de preços e o pregão. *ILC – Informativo de Licitações e Contratos*, v. 8, n. 88, p. 472-475, jun. 2001.

REIS, Paulo Sérgio de Monteiro. Sistema de registro de preços: a panacéia nas contratações? *Revista Zênite – Informativo de Licitações e Contratos – ILC*, v. 14, n. 155, p. 42-47, jan. 2007.

RIGOLIN, Ivan Barbosa; BOTTINO, Marco Tullio. *Manual prático das licitações*: Lei nº 8.666/93. 4. ed. São Paulo: Saraiva, 2002.

RODRIGUES, Marcos Figueiredo; OLIVEIRA, Marcos Inoi de. *Revolução na gestão de compras do setor público*: o sistema de registro de preços, o pregão e o portal Comprasnet. Trabalho apresentado no 26º EnANPAD – Encontro Nacional da ANPAD. Salvador, 22 a 25 set. 2002.

SALOMÃO, Ricardo. Emenda Constitucional nº 19/98. *Jornal do Comércio*, Rio de Janeiro, 12 nov. 1998.

SANTOS, Márcia Walquíria Batista dos. Sistema de Registro de Preços e a legislação municipal. *In*: SEMINÁRIO DE DIREITO ADMINISTRATIVO – TCMSP "LICITAÇÃO E CONTRATO – DIREITO APLICADO", 2., 07 jun. 2004, São Paulo. *Palestra*... São Paulo: Tribunal de Contas do Município, 2004. Disponível em: <http://www.tcm.sp.gov.br/legislacao/doutrina/14a18_06_04/maria_walquiria1.htm>. Acesso em: 24 abr. 2008.

SARQUIS, Alexandre Manir Figueiredo; RAMOS, Rosemeire da Silva Cardoso. Controvérsias do Sistema de Registro de Preços. Disponível em: <http://www4.tce.sp.gov.br/sites/default/files/controversias-SRP-versao-c_0.pdf>. Acesso em: 03 jun. 2013.

SILVA, De Plácido e. *Vocabulário jurídico*. 19. ed. Rio de Janeiro: Forense, 2002.

SOUTO, Marcos Juruena Villela. A informática na Lei de licitações. *BLC – Boletim de Licitações e Contratos*, v. 7, n. 11, p. 532-537, nov. 1994.

SOUTO, Marcos Juruena Villela. *Licitações e contratos administrativos*: doutrina: Lei nº 8.666, de 21.06.93, comentada. 3. ed. rev., ampl. e atual. pela EC nº 19/98 e pela Lei nº 9.648, de 27.5.98 e Lei nº 9.854, de 27.10.99. Rio de Janeiro: Esplanada, 2000.

SOUTO, Marcos Juruena Villela; GARCIA, Flávio Amaral. Sistema de registro de preços: o efeito "carona". *Boletim de Licitações e Contratos – BLC*, v. 20, n. 3, p. 239-248, mar. 2007.

SUNDFELD, Carlos Ari. *Licitação e contrato administrativo*: de acordo com as leis 8.666/93 e 8.883/94. 2. ed. São Paulo: Malheiros, 1995.

TOLOSA FILHO, Benedicto de. Licitação: o sistema de registro de preços é de adoção obrigatória? *L&C – Revista de Administração Pública e Política*, Brasília, Consulex. [s. d.].

TOLOSA FILHO, Benedicto de. *Licitações*: comentários, teoria e prática: lei nº 8.666/93. Rio de Janeiro: Forense, 1997.

TOLOSA FILHO, Benedicto de; PAYÁ, Renata Fernandes de Tolosa. *Entendendo, implantando e mantendo o sistema de registro de preços*. Rio de Janeiro: Temas & Idéias, 1999.

TOLOSA FILHO, Benedicto de; SAITO, Luciano Massao. *Manual de licitações e contratos administrativos*: de acordo com a Lei Federal nº 8.666/93, com as alterações introduzidas pela Lei Federal nº 8.883/94: comentários, modelos de editais, atas, recursos, decisões do Tribunal de Contas, citações da legislação paulista. Rio de Janeiro: Aide, 1995.

TORRES, Ricardo Lobo. Os fundos especiais. Disponível em: <http://www.abmp.org.br/textos/228.htm>.

VALLE, Vanice Regina Lírio do. Sistema de registro de preços: algumas considerações práticas. *In*: BITTENCOURT, Sidney (Org.). *Temas controvertidos sobre licitações e contratos administrativos*. Rio de Janeiro: Temas & Idéias, 1999.

VIANNA, Flavia Daniel. A nova visão do carona segundo o Tribunal de Contas da União: a extinção da figura na prática. *Revista Zênite – Informativo de Licitações e Contratos –ILC*, Curitiba, v. 19, n. 226, p. 1229-1231, dez. 2012.

VIANNA, Flavia Daniel. *Ferramenta contra o fracionamento ilegal de despesa*: a união dos sistemas de registro preços (SRP) e a modalidade pregão. 3. ed. São Paulo: Scortecci. 2011.

VIANNA, Flavia Daniel. *Manual de Sistema de Registro de Preços (SRP)*. São Paulo: Vianna, 2012. (Coleção Fascículos Vianna: facilitando as licitações, n. 3).

VIANNA, Flavia Daniel. *O que muda no SRP com o novo Decreto federal nº 8.250, de 23 de maio de 2014*.

ANEXOS

DECRETO Nº 7.892, DE 23 DE JANEIRO DE 2013

(*DOU* 23.01.2013)

Regulamenta o Sistema de Registro de Preços previsto no art. 15 da Lei nº 8.666, de 21 de junho de 1993

A PRESIDENTA DA REPÚBLICA, no uso da atribuição que lhe confere o art. 84, caput, inciso IV, da Constituição, e tendo em vista o disposto no art. 15 da Lei nº 8.666, de 21 de junho de 1993, e no art. 11 da Lei nº 10.520, de 17 de julho de 2002,
DECRETA:

Capítulo I
DISPOSIÇÕES GERAIS

Art. 1º As contratações de serviços e a aquisição de bens, quando efetuadas pelo Sistema de Registro de Preços – SRP, no âmbito da administração pública federal direta, autárquica e fundacional, fundos especiais, empresas públicas, sociedades de economia mista e demais entidades controladas, direta ou indiretamente pela União, obedecerão ao disposto neste Decreto.

Art. 2º Para os efeitos deste Decreto, são adotadas as seguintes definições:

I – Sistema de Registro de Preços – conjunto de procedimentos para registro formal de preços relativos à prestação de serviços e aquisição de bens, para contratações futuras;

II – ata de registro de preços – documento vinculativo, obrigacional, com característica de compromisso para futura contratação, em que se registram os preços, fornecedores, órgãos participantes e condições a serem praticadas, conforme as disposições contidas no instrumento convocatório e propostas apresentadas;

III – órgão gerenciador – órgão ou entidade da administração pública federal responsável pela condução do conjunto de procedimentos para registro de preços e gerenciamento da ata de registro de preços dele decorrente;

IV – órgão participante – órgão ou entidade da administração pública que participa dos procedimentos iniciais do Sistema de Registro de Preços e integra a ata de registro de preços; (Redação dada pelo Decreto nº 8.250, de 2014)

V – órgão não participante – órgão ou entidade da administração pública que, não tendo participado dos procedimentos iniciais da licitação, atendidos os requisitos desta norma, faz adesão à ata de registro de preços.

VI – compra nacional – compra ou contratação de bens e serviços, em que o órgão gerenciador conduz os procedimentos para registro de preços destinado à execução descentralizada de programa ou projeto federal, mediante prévia indicação da demanda pelos entes federados beneficiados; e (Incluído pelo Decreto nº 8.250, de 2014)

VII – órgão participante de compra nacional – órgão ou entidade da administração pública que, em razão de participação em programa ou projeto federal, é contemplado no registro de preços independente de manifestação formal. (Incluído pelo Decreto nº 8.250, de 2014)

Art. 3º O Sistema de Registro de Preços poderá ser adotado nas seguintes hipóteses:

I – quando, pelas características do bem ou serviço, houver necessidade de contratações frequentes;
II – quando for conveniente a aquisição de bens com previsão de entregas parceladas ou contratação de serviços remunerados por unidade de medida ou em regime de tarefa;
III – quando for conveniente a aquisição de bens ou a contratação de serviços para atendimento a mais de um órgão ou entidade, ou a programas de governo; ou
IV – quando, pela natureza do objeto, não for possível definir previamente o quantitativo a ser demandado pela Administração.

Capítulo II
DA INTENÇÃO PARA REGISTRO DE PREÇOS

Art. 4º Fica instituído o procedimento de Intenção de Registro de Preços – IRP, a ser operacionalizado por módulo do Sistema de Administração e Serviços Gerais – SIASG, que deverá ser utilizado pelos órgãos e entidades integrantes do Sistema de Serviços Gerais – SISG, para registro e divulgação dos itens a serem licitados e para a realização dos atos previstos nos incisos II e V do caput do art. 5º e dos atos previstos no inciso II e caput do art. 6º.
§1º A divulgação da intenção de registro de preços poderá ser dispensada, de forma justificada pelo órgão gerenciador. (Redação dada pelo Decreto nº 8.250, de 2014)
§2º O Ministério do Planejamento, Orçamento e Gestão editará norma complementar para regulamentar o disposto neste artigo.
§3º Caberá ao órgão gerenciador da Intenção de Registro de Preços – IRP: (Incluído pelo Decreto nº 8.250, de 2014)
I – estabelecer, quando for o caso, o número máximo de participantes na IRP em conformidade com sua capacidade de gerenciamento; (Incluído pelo Decreto nº 8.250, de 2014)
II – aceitar ou recusar, justificadamente, os quantitativos considerados ínfimos ou a inclusão de novos itens; e (Incluído pelo Decreto nº 8.250, de 2014)
III – deliberar quanto à inclusão posterior de participantes que não manifestaram interesse durante o período de divulgação da IRP. (Incluído pelo Decreto nº 8.250, de 2014)
§4º Os procedimentos constantes dos incisos II e III do §3º serão efetivados antes da elaboração do edital e de seus anexos. (Incluído pelo Decreto nº 8.250, de 2014)
§5º Para receber informações a respeito das IRPs disponíveis no Portal de Compras do Governo Federal, os órgãos e entidades integrantes do SISG se cadastrarão no módulo IRP e inserirão a linha de fornecimento e de serviços de seu interesse. (Incluído pelo Decreto nº 8.250, de 2014)
§6º É facultado aos órgãos e entidades integrantes do SISG, antes de iniciar um processo licitatório, consultar as IRPs em andamento e deliberar a respeito da conveniência de sua participação. (Incluído pelo Decreto nº 8.250, de 2014)

Capítulo III
DAS COMPETÊNCIAS DO ÓRGÃO GERENCIADOR

Art. 5º Caberá ao órgão gerenciador a prática de todos os atos de controle e administração do Sistema de Registro de Preços, e ainda o seguinte:
I – registrar sua intenção de registro de preços no Portal de Compras do Governo federal;
II – consolidar informações relativas à estimativa individual e total de consumo, promovendo a adequação dos respectivos termos de referência ou projetos básicos encaminhados para atender aos requisitos de padronização e racionalização;
III – promover atos necessários à instrução processual para a realização do procedimento licitatório;
IV – realizar pesquisa de mercado para identificação do valor estimado da licitação e, consolidar os dados das pesquisas de mercado realizadas pelos órgãos e entidades participantes, inclusive nas hipóteses previstas nos §§2º e 3º do art. 6º deste Decreto; (Redação dada pelo Decreto nº 8.250, de 2014)

V – confirmar junto aos órgãos participantes a sua concordância com o objeto a ser licitado, inclusive quanto aos quantitativos e termo de referência ou projeto básico;
VI – realizar o procedimento licitatório;
VII – gerenciar a ata de registro de preços;
VIII – conduzir eventuais renegociações dos preços registrados;
IX – aplicar, garantida a ampla defesa e o contraditório, as penalidades decorrentes de infrações no procedimento licitatório; e
X – aplicar, garantida a ampla defesa e o contraditório, as penalidades decorrentes do descumprimento do pactuado na ata de registro de preços ou do descumprimento das obrigações contratuais, em relação às suas próprias contratações.
§1º A ata de registro de preços, disponibilizada no Portal de Compras do Governo federal, poderá ser assinada por certificação digital.
§2º O órgão gerenciador poderá solicitar auxílio técnico aos órgãos participantes para execução das atividades previstas nos incisos III, IV e VI do caput.

Capítulo IV
DAS COMPETÊNCIAS DO ÓRGÃO PARTICIPANTE

Art. 6º O órgão participante será responsável pela manifestação de interesse em participar do registro de preços, providenciando o encaminhamento ao órgão gerenciador de sua estimativa de consumo, local de entrega e, quando couber, cronograma de contratação e respectivas especificações ou termo de referência ou projeto básico, nos termos da Lei nº 8.666, de 21 de junho de 1993, e da Lei nº 10.520, de 17 de julho de 2002, adequado ao registro de preços do qual pretende fazer parte, devendo ainda:
I – garantir que os atos relativos a sua inclusão no registro de preços estejam formalizados e aprovados pela autoridade competente;
II – manifestar, junto ao órgão gerenciador, mediante a utilização da Intenção de Registro de Preços, sua concordância com o objeto a ser licitado, antes da realização do procedimento licitatório; e
III – tomar conhecimento da ata de registros de preços, inclusive de eventuais alterações, para o correto cumprimento de suas disposições.
§1º Cabe ao órgão participante aplicar, garantida a ampla defesa e o contraditório, as penalidades decorrentes do descumprimento do pactuado na ata de registro de preços ou do descumprimento das obrigações contratuais, em relação às suas próprias contratações, informando as ocorrências ao órgão gerenciador. (Incluído pelo Decreto nº 8.250, de 2014)
§2º No caso de compra nacional, o órgão gerenciador promoverá a divulgação da ação, a pesquisa de mercado e a consolidação da demanda dos órgãos e entidades da administração direta e indireta da União, dos Estados, do Distrito Federal e dos Municípios. (Incluído pelo Decreto nº 8.250, de 2014)
§3º Na hipótese prevista no §2º, comprovada a vantajosidade, fica facultado aos órgãos ou entidades participantes de compra nacional a execução da ata de registro de preços vinculada ao programa ou projeto federal. (Incluído pelo Decreto nº 8.250, de 2014)
§4º Os entes federados participantes de compra nacional poderão utilizar recursos de transferências legais ou voluntárias da União, vinculados aos processos ou projetos objeto de descentralização e de recursos próprios para suas demandas de aquisição no âmbito da ata de registro de preços de compra nacional. (Incluído pelo Decreto nº 8.250, de 2014)
§5º Caso o órgão gerenciador aceite a inclusão de novos itens, o órgão participante demandante elaborará sua especificação ou termo de referência ou projeto básico, conforme o caso, e a pesquisa de mercado, observado o disposto no art. 6º. (Incluído pelo Decreto nº 8.250, de 2014)
§6º Caso o órgão gerenciador aceite a inclusão de novas localidades para entrega do bem ou execução do serviço, o órgão participante responsável pela demanda elaborará, ressalvada a hipótese prevista no §2º, pesquisa de mercado que contemple a variação de custos locais ou regionais. (Incluído pelo Decreto nº 8.250, de 2014)

Capítulo V

DA LICITAÇÃO PARA REGISTRO DE PREÇOS

Art. 7º A licitação para registro de preços será realizada na modalidade de concorrência, do tipo menor preço, nos termos da Lei nº 8.666, de 1993, ou na modalidade de pregão, nos termos da Lei nº 10.520, de 2002, e será precedida de ampla pesquisa de mercado.

§1º O julgamento por técnica e preço, na modalidade concorrência, poderá ser excepcionalmente adotado, a critério do órgão gerenciador e mediante despacho fundamentado da autoridade máxima do órgão ou entidade. (Redação dada pelo Decreto nº 8.250, de 2014)

§2º Na licitação para registro de preços não é necessário indicar a dotação orçamentária, que somente será exigida para a formalização do contrato ou outro instrumento hábil.

Art. 8º O órgão gerenciador poderá dividir a quantidade total do item em lotes, quando técnica e economicamente viável, para possibilitar maior competitividade, observada a quantidade mínima, o prazo e o local de entrega ou de prestação dos serviços.

§1º No caso de serviços, a divisão considerará a unidade de medida adotada para aferição dos produtos e resultados, e será observada a demanda específica de cada órgão ou entidade participante do certame. (Redação dada pelo Decreto nº 8.250, de 2014)

§2º Na situação prevista no §1º, deverá ser evitada a contratação, em um mesmo órgão ou entidade, de mais de uma empresa para a execução de um mesmo serviço, em uma mesma localidade, para assegurar a responsabilidade contratual e o princípio da padronização.

Art. 9º O edital de licitação para registro de preços observará o disposto nas Leis nº 8.666, de 1993, e nº 10.520, de 2002, e contemplará, no mínimo:

I – a especificação ou descrição do objeto, que explicitará o conjunto de elementos necessários e suficientes, com nível de precisão adequado para a caracterização do bem ou serviço, inclusive definindo as respectivas unidades de medida usualmente adotadas;

II – estimativa de quantidades a serem adquiridas pelo órgão gerenciador e órgãos participantes;

III – estimativa de quantidades a serem adquiridas por órgãos não participantes, observado o disposto no §4º do art. 22, no caso de o órgão gerenciador admitir adesões;

IV – quantidade mínima de unidades a ser cotada, por item, no caso de bens;

V – condições quanto ao local, prazo de entrega, forma de pagamento, e nos casos de serviços, quando cabível, frequência, periodicidade, características do pessoal, materiais e equipamentos a serem utilizados, procedimentos, cuidados, deveres, disciplina e controles a serem adotados;

VI – prazo de validade do registro de preço, observado o disposto no caput do art. 12;

VII – órgãos e entidades participantes do registro de preço;

VIII – modelos de planilhas de custo e minutas de contratos, quando cabível;

IX – penalidades por descumprimento das condições;

X – minuta da ata de registro de preços como anexo; e

XI – realização periódica de pesquisa de mercado para comprovação da vantajosidade.

§1º O edital poderá admitir, como critério de julgamento, o menor preço aferido pela oferta de desconto sobre tabela de preços praticados no mercado, desde que tecnicamente justificado.

§2º Quando o edital previr o fornecimento de bens ou prestação de serviços em locais diferentes, é facultada a exigência de apresentação de proposta diferenciada por região, de modo que aos preços sejam acrescidos custos variáveis por região.

§3º A estimativa a que se refere o inciso III do caput não será considerada para fins de qualificação técnica e qualificação econômico-financeira na habilitação do licitante.

§4º O exame e a aprovação das minutas do instrumento convocatório e do contrato serão efetuados exclusivamente pela assessoria jurídica do órgão gerenciador. (Incluído pelo Decreto nº 8.250, de 2014)

Art. 10. Após o encerramento da etapa competitiva, os licitantes poderão reduzir seus preços ao valor da proposta do licitante mais bem classificado.
Parágrafo único. A apresentação de novas propostas na forma do caput não prejudicará o resultado do certame em relação ao licitante mais bem classificado.

Capítulo VI

DO REGISTRO DE PREÇOS E DA VALIDADE DA ATA

Art. 11. Após a homologação da licitação, o registro de preços observará, entre outras, as seguintes condições:
I – serão registrados na ata de registro de preços os preços e quantitativos do licitante mais bem classificado durante a fase competitiva; (Redação dada pelo Decreto nº 8.250, de 2014)
II – será incluído, na respectiva ata na forma de anexo, o registro dos licitantes que aceitarem cotar os bens ou serviços com preços iguais aos do licitante vencedor na sequência da classificação do certame, excluído o percentual referente à margem de preferência, quando o objeto não atender aos requisitos previstos no art. 3º da Lei nº 8.666, de 1993; (Redação dada pelo Decreto nº 8.250, de 2014)
III – o preço registrado com indicação dos fornecedores será divulgado no Portal de Compras do Governo Federal e ficará disponibilizado durante a vigência da ata de registro de preços; e (Redação dada pelo Decreto nº 8.250, de 2014)
IV – a ordem de classificação dos licitantes registrados na ata deverá ser respeitada nas contratações. (Redação dada pelo Decreto nº 8.250, de 2014)
§1º O registro a que se refere o inciso II do caput tem por objetivo a formação de cadastro de reserva no caso de impossibilidade de atendimento pelo primeiro colocado da ata, nas hipóteses previstas nos arts. 20 e 21. (Redação dada pelo Decreto nº 8.250, de 2014)
§2º Se houver mais de um licitante na situação de que trata o inciso II do caput, serão classificados segundo a ordem da última proposta apresentada durante a fase competitiva. (Redação dada pelo Decreto nº 8.250, de 2014)
§3º A habilitação dos fornecedores que comporão o cadastro de reserva a que se refere o inciso II do caput será efetuada, na hipótese prevista no parágrafo único do art. 13 e quando houver necessidade de contratação de fornecedor remanescente, nas hipóteses previstas nos arts. 20 e 21. (Redação dada pelo Decreto nº 8.250, de 2014)
§4º O anexo que trata o inciso II do caput consiste na ata de realização da sessão pública do pregão ou da concorrência, que conterá a informação dos licitantes que aceitarem cotar os bens ou serviços com preços iguais ao do licitante vencedor do certame. (Incluído pelo Decreto nº 8.250, de 2014)
Art. 12. O prazo de validade da ata de registro de preços não será superior a doze meses, incluídas eventuais prorrogações, conforme o inciso III do §3º do art. 15 da Lei nº 8.666, de 1993.
§1º É vedado efetuar acréscimos nos quantitativos fixados pela ata de registro de preços, inclusive o acréscimo de que trata o §1º do art. 65 da Lei nº 8.666, de 1993.
§2º A vigência dos contratos decorrentes do Sistema de Registro de Preços será definida nos instrumentos convocatórios, observado o disposto no art. 57 da Lei nº 8.666, de 1993.
§3º Os contratos decorrentes do Sistema de Registro de Preços poderão ser alterados, observado o disposto no art. 65 da Lei nº 8.666, de 1993.
§4º O contrato decorrente do Sistema de Registro de Preços deverá ser assinado no prazo de validade da ata de registro de preços.

Capítulo VII

DA ASSINATURA DA ATA E DA CONTRATAÇÃO COM FORNECEDORES REGISTRADOS

Art. 13. Homologado o resultado da licitação, o fornecedor mais bem classificado será convocado para assinar a ata de registro de preços, no prazo e nas condições estabelecidos no instrumento convocatório, podendo o prazo ser prorrogado uma vez, por igual período, quando solicitado pelo fornecedor e desde que ocorra motivo justificado aceito pela administração. (Redação dada pelo Decreto nº 8.250, de 2014)

Parágrafo único. É facultado à administração, quando o convocado não assinar a ata de registro de preços no prazo e condições estabelecidos, convocar os licitantes remanescentes, na ordem de classificação, para fazê-lo em igual prazo e nas mesmas condições propostas pelo primeiro classificado.

Art. 14. A ata de registro de preços implicará compromisso de fornecimento nas condições estabelecidas, após cumpridos os requisitos de publicidade.

Parágrafo único. A recusa injustificada de fornecedor classificado em assinar a ata, dentro do prazo estabelecido neste artigo, ensejará a aplicação das penalidades legalmente estabelecidas.

Art. 15. A contratação com os fornecedores registrados será formalizada pelo órgão interessado por intermédio de instrumento contratual, emissão de nota de empenho de despesa, autorização de compra ou outro instrumento hábil, conforme o art. 62 da Lei nº 8.666, de 1993.

Art. 16. A existência de preços registrados não obriga a administração a contratar, facultando-se a realização de licitação específica para a aquisição pretendida, assegurada preferência ao fornecedor registrado em igualdade de condições.

Capítulo VIII

DA REVISÃO E DO CANCELAMENTO DOS PREÇOS REGISTRADOS

Art. 17. Os preços registrados poderão ser revistos em decorrência de eventual redução dos preços praticados no mercado ou de fato que eleve o custo dos serviços ou bens registrados, cabendo ao órgão gerenciador promover as negociações junto aos fornecedores, observadas as disposições contidas na alínea "d" do inciso II do caput do art. 65 da Lei nº 8.666, de 1993.

Art. 18. Quando o preço registrado tornar-se superior ao preço praticado no mercado por motivo superveniente, o órgão gerenciador convocará os fornecedores para negociarem a redução dos preços aos valores praticados pelo mercado.

§1º Os fornecedores que não aceitarem reduzir seus preços aos valores praticados pelo mercado serão liberados do compromisso assumido, sem aplicação de penalidade.

§2º A ordem de classificação dos fornecedores que aceitarem reduzir seus preços aos valores de mercado observará a classificação original.

Art. 19. Quando o preço de mercado tornar-se superior aos preços registrados e o fornecedor não puder cumprir o compromisso, o órgão gerenciador poderá:

I – liberar o fornecedor do compromisso assumido, caso a comunicação ocorra antes do pedido de fornecimento, e sem aplicação da penalidade se confirmada a veracidade dos motivos e comprovantes apresentados; e

II – convocar os demais fornecedores para assegurar igual oportunidade de negociação.

Parágrafo único. Não havendo êxito nas negociações, o órgão gerenciador deverá proceder à revogação da ata de registro de preços, adotando as medidas cabíveis para obtenção da contratação mais vantajosa.

Art. 20. O registro do fornecedor será cancelado quando:

I – descumprir as condições da ata de registro de preços;

II – não retirar a nota de empenho ou instrumento equivalente no prazo estabelecido pela Administração, sem justificativa aceitável;

III – não aceitar reduzir o seu preço registrado, na hipótese deste se tornar superior àqueles praticados no mercado; ou

IV – sofrer sanção prevista nos incisos III ou IV do caput do art. 87 da Lei nº 8.666, de 1993, ou no art. 7º da Lei nº 10.520, de 2002.

Parágrafo único. O cancelamento de registros nas hipóteses previstas nos incisos I, II e IV do caput será formalizado por despacho do órgão gerenciador, assegurado o contraditório e a ampla defesa.

Art. 21. O cancelamento do registro de preços poderá ocorrer por fato superveniente, decorrente de caso fortuito ou força maior, que prejudique o cumprimento da ata, devidamente comprovados e justificados:

I – por razão de interesse público; ou
II – a pedido do fornecedor.

Capítulo IX
DA UTILIZAÇÃO DA ATA DE REGISTRO DE PREÇOS POR ÓRGÃO OU ENTIDADES NÃO PARTICIPANTES

Art. 22. Desde que devidamente justificada a vantagem, a ata de registro de preços, durante sua vigência, poderá ser utilizada por qualquer órgão ou entidade da administração pública federal que não tenha participado do certame licitatório, mediante anuência do órgão gerenciador.

§1º Os órgãos e entidades que não participaram do registro de preços, quando desejarem fazer uso da ata de registro de preços, deverão consultar o órgão gerenciador da ata para manifestação sobre a possibilidade de adesão.

§2º Caberá ao fornecedor beneficiário da ata de registro de preços, observadas as condições nela estabelecidas, optar pela aceitação ou não do fornecimento decorrente de adesão, desde que não prejudique as obrigações presentes e futuras decorrentes da ata, assumidas com o órgão gerenciador e órgãos participantes.

§3º As aquisições ou contratações adicionais a que se refere este artigo não poderão exceder, por órgão ou entidade, a cem por cento dos quantitativos dos itens do instrumento convocatório e registrados na ata de registro de preços para o órgão gerenciador e órgãos participantes.

§4º O instrumento convocatório deverá prever que o quantitativo decorrente das adesões à ata de registro de preços não poderá exceder, na totalidade, ao quíntuplo do quantitativo de cada item registrado na ata de registro de preços para o órgão gerenciador e órgãos participantes, independente do número de órgãos não participantes que aderirem.

§5º (Revogado pelo Decreto nº 8.250, de 2014)

§6º Após a autorização do órgão gerenciador, o órgão não participante deverá efetivar a aquisição ou contratação solicitada em até noventa dias, observado o prazo de vigência da ata.

§7º Compete ao órgão não participante os atos relativos à cobrança do cumprimento pelo fornecedor das obrigações contratualmente assumidas e a aplicação, observada a ampla defesa e o contraditório, de eventuais penalidades decorrentes do descumprimento de cláusulas contratuais, em relação às suas próprias contratações, informando as ocorrências ao órgão gerenciador.

§8º É vedada aos órgãos e entidades da administração pública federal a adesão a ata de registro de preços gerenciada por órgão ou entidade municipal, distrital ou estadual.

§9º É facultada aos órgãos ou entidades municipais, distritais ou estaduais a adesão a ata de registro de preços da Administração Pública Federal.

Capítulo X
DISPOSIÇÕES FINAIS E TRANSITÓRIAS

Art. 23. A Administração poderá utilizar recursos de tecnologia da informação na operacionalização do disposto neste Decreto e automatizar procedimentos de controle e atribuições dos órgãos gerenciadores e participantes.

Art. 24. As atas de registro de preços vigentes, decorrentes de certames realizados sob a vigência do Decreto nº 3.931, de 19 de setembro de 2001, poderão ser utilizadas pelos órgãos gerenciadores e participantes, até o término de sua vigência.

Art. 25. Até a completa adequação do Portal de Compras do Governo federal para atendimento ao disposto no §1º do art. 5º, o órgão gerenciador deverá:

I – providenciar a assinatura da ata de registro de preços e o encaminhamento de sua cópia aos órgãos ou entidades participantes; e

II – providenciar a indicação dos fornecedores para atendimento às demandas, observada a ordem de classificação e os quantitativos de contratação definidos pelos órgãos e entidades participantes.

Art. 26. Até a completa adequação do Portal de Compras do Governo federal para atendimento ao disposto nos incisos I e II do caput do art. 11 e no inciso II do

§2º do art. 11, a ata registrará os licitantes vencedores, quantitativos e respectivos preços.

Art. 27. O Ministério do Planejamento, Orçamento e Gestão poderá editar normas complementares a este Decreto.

Art. 28. Este Decreto entra em vigor trinta dias após a data de sua publicação.

Art. 29. Ficam revogados:

I – o Decreto nº 3.931, de 19 de setembro de 2001; e

II – o Decreto nº 4.342, de 23 de agosto de 2002.

Brasília, 23 de janeiro de 2013; 192º da Independência e 125º da República.

DILMA ROUSSEFF

Miriam Belchior

LEI Nº 8.666, DE 21 DE JUNHO DE 1993

(DOU 22.06.1993, rep. 06.07.1994)

Regulamenta o art. 37, inciso XXI, da Constituição Federal, institui normas para licitações e contratos da Administração Pública e dá outras providências.

O PRESIDENTE DA REPÚBLICA, Faço saber que o Congresso Nacional decreta e eu sanciono a seguinte Lei:

Capítulo I
DAS DISPOSIÇÕES GERAIS

Seção I
DOS PRINCÍPIOS

Art. 1º Esta Lei estabelece normas gerais sobre licitações e contratos administrativos pertinentes a obras, serviços, inclusive de publicidade, compras, alienações e locações no âmbito dos Poderes da União, dos Estados, do Distrito Federal e dos Municípios.

Parágrafo único. Subordinam-se ao regime desta Lei, além dos órgãos da administração direta, os fundos especiais, as autarquias, as fundações públicas, as empresas públicas, as sociedades de economia mista e demais entidades controladas direta ou indiretamente pela União, Estados, Distrito Federal e Municípios.

Art. 2º As obras, serviços, inclusive de publicidade, compras, alienações, concessões, permissões e locações da Administração Pública, quando contratadas com terceiros, serão necessariamente precedidas de licitação, ressalvadas as hipóteses previstas nesta Lei.

Parágrafo único. Para os fins desta Lei, considera-se contrato todo e qualquer ajuste entre órgãos ou entidades da Administração Pública e particulares, em que haja um acordo de vontades para a formação de vínculo e a estipulação de obrigações recíprocas, seja qual for a denominação utilizada.

Art. 3º A licitação destina-se a garantir a observância do princípio constitucional da isonomia, a seleção da proposta mais vantajosa para a administração e a promoção do desenvolvimento nacional sustentável e será processada e julgada em estrita conformidade com os princípios básicos da legalidade, da impessoalidade, da moralidade, da igualdade, da publicidade, da probidade administrativa, da vinculação ao instrumento convocatório, do julgamento objetivo e dos que lhes são correlatos. (Redação dada pela Lei nº 12.349, de 2010)

§1º É vedado aos agentes públicos:

I – admitir, prever, incluir ou tolerar, nos atos de convocação, cláusulas ou condições que comprometam, restrinjam ou frustrem o seu caráter competitivo, inclusive nos casos de sociedades cooperativas, e estabeleçam preferências ou distinções em razão da naturalidade, da sede ou domicílio dos licitantes ou de qualquer outra circunstância impertinente ou irrelevante para o específico objeto do contrato, ressalvado o disposto nos §§5º a 12 deste artigo e no art. 3º da Lei nº 8.248, de 23 de outubro de 1991; (Redação dada pela Lei nº 12.349, de 2010)

II – estabelecer tratamento diferenciado de natureza comercial, legal, trabalhista, previdenciária ou qualquer outra, entre empresas brasileiras e estrangeiras, inclusive no que se refere a moeda, modalidade e local de pagamentos, mesmo quando envolvidos financiamentos de agências internacionais, ressalvado o disposto no parágrafo seguinte e no art. 3º da Lei nº 8.248, de 23 de outubro de 1991.

§2º Em igualdade de condições, como critério de desempate, será assegurada preferência, sucessivamente, aos bens e serviços:

I – (Revogado pela Lei nº 12.349, de 2010)

II – produzidos no País;

III – produzidos ou prestados por empresas brasileiras.

IV – produzidos ou prestados por empresas que invistam em pesquisa e no desenvolvimento de tecnologia no País. (Incluído pela Lei nº 11.196, de 2005)

§3º A licitação não será sigilosa, sendo públicos e acessíveis ao público os atos de seu procedimento, salvo quanto ao conteúdo das propostas, até a respectiva abertura.

§4º (Vetado). (Incluído pela Lei nº 8.883, de 1994)

§5º Nos processos de licitação previstos no caput, poderá ser estabelecido margem de preferência para produtos manufaturados e para serviços nacionais que atendam a normas técnicas brasileiras. (Incluído pela Lei nº 12.349, de 2010)

§6º A margem de preferência de que trata o §5º será estabelecida com base em estudos revistos periodicamente, em prazo não superior a 5 (cinco) anos, que levem em consideração: (Incluído pela Lei nº 12.349, de 2010)

I – geração de emprego e renda; (Incluído pela Lei nº 12.349, de 2010)

II – efeito na arrecadação de tributos federais, estaduais e municipais; (Incluído pela Lei nº 12.349, de 2010)

III – desenvolvimento e inovação tecnológica realizados no País; (Incluído pela Lei nº 12.349, de 2010)

IV – custo adicional dos produtos e serviços; e (Incluído pela Lei nº 12.349, de 2010)

V – em suas revisões, análise retrospectiva de resultados. (Incluído pela Lei nº 12.349, de 2010)

§7º Para os produtos manufaturados e serviços nacionais resultantes de desenvolvimento e inovação tecnológica realizados no País, poderá ser estabelecido margem de preferência adicional àquela prevista no §5º. (Incluído pela Lei nº 12.349, de 2010)

8º As margens de preferência por produto, serviço, grupo de produtos ou grupo de serviços, a que se referem os §§5º e 7º, serão definidas pelo Poder Executivo federal, não podendo a soma delas ultrapassar o montante de 25% (vinte e cinco por cento) sobre o preço dos produtos manufaturados e serviços estrangeiros. (Incluído pela Lei nº 12.349, de 2010)

§9º As disposições contidas nos §§5º e 7º deste artigo não se aplicam aos bens e aos serviços cuja capacidade de produção ou prestação no País seja inferior: (Incluído pela Lei nº 12.349, de 2010)

I – à quantidade a ser adquirida ou contratada; ou (Incluído pela Lei nº 12.349, de 2010)

II – ao quantitativo fixado com fundamento no §7º do art. 23 desta Lei, quando for o caso. (Incluído pela Lei nº 12.349, de 2010)

§10. A margem de preferência a que se refere o §5º poderá ser estendida, total ou parcialmente, aos bens e serviços originários dos Estados Partes do Mercado Comum do Sul – Mercosul. (Incluído pela Lei nº 12.349, de 2010) (Vide Decreto nº 7.546, de 2011)

§11. Os editais de licitação para a contratação de bens, serviços e obras poderão, mediante prévia justificativa da autoridade competente, exigir que o contratado promova, em favor de órgão ou entidade integrante da administração pública ou daqueles por ela indicados a partir de processo isonômico, medidas de compensação comercial, industrial, tecnológica ou acesso a condições vantajosas de financiamento, cumulativamente ou não, na forma estabelecida pelo Poder Executivo federal. (Incluído pela Lei nº 12.349, de 2010)

§12. Nas contratações destinadas à implantação, manutenção e ao aperfeiçoamento dos sistemas de tecnologia de informação e comunicação, considerados estratégicos em ato do Poder Executivo federal, a licitação poderá ser restrita a bens e serviços com tecnologia desenvolvida no País e produzidos de acordo com o processo produtivo básico de que trata a Lei nº 10.176, de 11 de janeiro de 2001. (Incluído pela Lei nº 12.349, de 2010) (Vide Decreto nº 7.546, de 2011)

§13. Será divulgada na internet, a cada exercício financeiro, a relação de empresas favorecidas em decorrência do disposto nos §§5º, 7º, 10, 11 e 12 deste artigo, com indicação do volume de recursos destinados a cada uma delas. (Incluído pela Lei nº 12.349, de 2010)

....

....

Seção V

DAS COMPRAS

Art. 14. Nenhuma compra será feita sem a adequada caracterização de seu objeto e indicação dos recursos orçamentários para seu pagamento, sob pena de nulidade do ato e responsabilidade de quem lhe tiver dado causa.

Art. 15. As compras, sempre que possível, deverão:
I – atender ao princípio da padronização, que imponha compatibilidade de especificações técnicas e de desempenho, observadas, quando for o caso, as condições de manutenção, assistência técnica e garantia oferecidas;
II – ser processadas através de sistema de registro de preços;
III – submeter-se às condições de aquisição e pagamento semelhantes às do setor privado;
IV – ser subdivididas em tantas parcelas quantas necessárias para aproveitar as peculiaridades do mercado, visando economicidade;
V – balizar-se pelos preços praticados no âmbito dos órgãos e entidades da Administração Pública.
§1º O registro de preços será precedido de ampla pesquisa de mercado.
§2º Os preços registrados serão publicados trimestralmente para orientação da Administração, na imprensa oficial.
§3º O sistema de registro de preços será regulamentado por decreto, atendidas as peculiaridades regionais, observadas as seguintes condições:
I – seleção feita mediante concorrência;
II – estipulação prévia do sistema de controle e atualização dos preços registrados;
III – validade do registro não superior a um ano.
§4º A existência de preços registrados não obriga a Administração a firmar as contratações que deles poderão advir, ficando-lhe facultada a utilização de outros meios, respeitada a legislação relativa às licitações, sendo assegurado ao beneficiário do registro preferência em igualdade de condições.
§5º O sistema de controle originado no quadro geral de preços, quando possível, deverá ser informatizado.
§6º Qualquer cidadão é parte legítima para impugnar preço constante do quadro geral em razão de incompatibilidade desse com o preço vigente no mercado.
§7º Nas compras deverão ser observadas, ainda:
I – a especificação completa do bem a ser adquirido sem indicação de marca;
II – a definição das unidades e das quantidades a serem adquiridas em função do consumo e utilização prováveis, cuja estimativa será obtida, sempre que possível, mediante adequadas técnicas quantitativas de estimação;
III – as condições de guarda e armazenamento que não permitam a deterioração do material.
§8º O recebimento de material de valor superior ao limite estabelecido no art. 23 desta Lei, para a modalidade de convite, deverá ser confiado a uma comissão de, no mínimo, 3 (três) membros.
....
....

Brasília, 21 de junho de 1993, 172º da Independência e 105º da República.

ITAMAR FRANCO
Rubens Ricupero
Romildo Canhim

LEI Nº 10.520, DE 17 DE JULHO DE 2002

(*DOU* 18.07.2002)

Institui, no âmbito da União, Estados, Distrito Federal e Municípios, nos termos do art. 37, inciso XXI, da Constituição Federal, modalidade de licitação denominada pregão, para aquisição de bens e serviços comuns, e dá outras providências.

O PRESIDENTE DA REPÚBLICA, Faço saber que o Congresso Nacional decreta e eu sanciono a seguinte Lei:

Art. 1º Para aquisição de bens e serviços comuns, poderá ser adotada a licitação na modalidade de pregão, que será regida por esta Lei.

Parágrafo único. Consideram-se bens e serviços comuns, para os fins e efeitos deste artigo, aqueles cujos padrões de desempenho e qualidade possam ser objetivamente definidos pelo edital, por meio de especificações usuais no mercado.

Art. 2º (VETADO)

§1º Poderá ser realizado o pregão por meio da utilização de recursos de tecnologia da informação, nos termos de regulamentação específica.

§2º Será facultado, nos termos de regulamentos próprios da União, Estados, Distrito Federal e Municípios, a participação de bolsas de mercadorias no apoio técnico e operacional aos órgãos e entidades promotores da modalidade de pregão, utilizando-se de recursos de tecnologia da informação.

§3º As bolsas a que se referem o §2o deverão estar organizadas sob a forma de sociedades civis sem fins lucrativos e com a participação plural de corretoras que operem sistemas eletrônicos unificados de pregões.

Art. 3º A fase preparatória do pregão observará o seguinte:

I – a autoridade competente justificará a necessidade de contratação e definirá o objeto do certame, as exigências de habilitação, os critérios de aceitação das propostas, as sanções por inadimplemento e as cláusulas do contrato, inclusive com fixação dos prazos para fornecimento;

II – a definição do objeto deverá ser precisa, suficiente e clara, vedadas especificações que, por excessivas, irrelevantes ou desnecessárias, limitem a competição;

III – dos autos do procedimento constarão a justificativa das definições referidas no inciso I deste artigo e os indispensáveis elementos técnicos sobre os quais estiverem apoiados, bem como o orçamento elaborado pelo órgão ou entidade promotora da licitação, dos bens ou serviços a serem licitados; e

IV – a autoridade competente designará, dentre os servidores do órgão ou entidade promotora da licitação, o pregoeiro e respectiva equipe de apoio, cuja atribuição inclui, dentre outras, o recebimento das propostas e lances, a análise de sua aceitabilidade e sua classificação, bem como a habilitação e a adjudicação do objeto do certame ao licitante vencedor.

§1º A equipe de apoio deverá ser integrada em sua maioria por servidores ocupantes de cargo efetivo ou emprego da administração, preferencialmente pertencentes ao quadro permanente do órgão ou entidade promotora do evento.

§2º No âmbito do Ministério da Defesa, as funções de pregoeiro e de membro da equipe de apoio poderão ser desempenhadas por militares

Art. 4º A fase externa do pregão será iniciada com a convocação dos interessados e observará as seguintes regras:

I – a convocação dos interessados será efetuada por meio de publicação de aviso em diário oficial do respectivo ente federado ou, não existindo, em jornal de circulação local, e facultativamente, por meios eletrônicos e conforme o vulto da licitação, em jornal de grande circulação, nos termos do regulamento de que trata o art. 2º;

II – do aviso constarão a definição do objeto da licitação, a indicação do local, dias e horários em que poderá ser lida ou obtida a íntegra do edital;
III – do edital constarão todos os elementos definidos na forma do inciso I do art. 3º, as normas que disciplinarem o procedimento e a minuta do contrato, quando for o caso;
IV – cópias do edital e do respectivo aviso serão colocadas à disposição de qualquer pessoa para consulta e divulgadas na forma da Lei no 9.755, de 16 de dezembro de 1998;
V – o prazo fixado para a apresentação das propostas, contado a partir da publicação do aviso, não será inferior a 8 (oito) dias úteis;
VI – no dia, hora e local designados, será realizada sessão pública para recebimento das propostas, devendo o interessado, ou seu representante, identificar-se e, se for o caso, comprovar a existência dos necessários poderes para formulação de propostas e para a prática de todos os demais atos inerentes ao certame;
VII – aberta a sessão, os interessados ou seus representantes, apresentarão declaração dando ciência de que cumprem plenamente os requisitos de habilitação e entregarão os envelopes contendo a indicação do objeto e do preço oferecidos, procedendo-se à sua imediata abertura e à verificação da conformidade das propostas com os requisitos estabelecidos no instrumento convocatório;
VIII – no curso da sessão, o autor da oferta de valor mais baixo e os das ofertas com preços até 10% (dez por cento) superiores àquela poderão fazer novos lances verbais e sucessivos, até a proclamação do vencedor;
IX – não havendo pelo menos 3 (três) ofertas nas condições definidas no inciso anterior, poderão os autores das melhores propostas, até o máximo de 3 (três), oferecer novos lances verbais e sucessivos, quaisquer que sejam os preços oferecidos;
X – para julgamento e classificação das propostas, será adotado o critério de menor preço, observados os prazos máximos para fornecimento, as especificações técnicas e parâmetros mínimos de desempenho e qualidade definidos no edital;
XI – examinada a proposta classificada em primeiro lugar, quanto ao objeto e valor, caberá ao pregoeiro decidir motivadamente a respeito da sua aceitabilidade;
XII – encerrada a etapa competitiva e ordenadas as ofertas, o pregoeiro procederá à abertura do invólucro contendo os documentos de habilitação do licitante que apresentou a melhor proposta, para verificação do atendimento das condições fixadas no edital;
XIII – a habilitação far-se-á com a verificação de que o licitante está em situação regular perante a Fazenda Nacional, a Seguridade Social e o Fundo de Garantia do Tempo de Serviço – FGTS, e as Fazendas Estaduais e Municipais, quando for o caso, com a comprovação de que atende às exigências do edital quanto à habilitação jurídica e qualificações técnica e econômico-financeira;
XIV – os licitantes poderão deixar de apresentar os documentos de habilitação que já constem do Sistema de Cadastramento Unificado de Fornecedores – Sicaf e sistemas semelhantes mantidos por Estados, Distrito Federal ou Municípios, assegurado aos demais licitantes o direito de acesso aos dados nele constantes;
XV – verificado o atendimento das exigências fixadas no edital, o licitante será declarado vencedor;
XVI – se a oferta não for aceitável ou se o licitante desatender às exigências habilitatórias, o pregoeiro examinará as ofertas subseqüentes e a qualificação dos licitantes, na ordem de classificação, e assim sucessivamente, até a apuração de uma que atenda ao edital, sendo o respectivo licitante declarado vencedor;
XVII – nas situações previstas nos incisos XI e XVI, o pregoeiro poderá negociar diretamente com o proponente para que seja obtido preço melhor;
XVIII – declarado o vencedor, qualquer licitante poderá manifestar imediata e motivadamente a intenção de recorrer, quando lhe será concedido o prazo de 3 (três) dias para apresentação das razões do recurso, ficando os demais licitantes desde logo intimados para apresentar contra-razões em igual número de dias, que começarão a correr do término do prazo do recorren-

te, sendo-lhes assegurada vista imediata dos autos;

XIX – o acolhimento de recurso importará a invalidação apenas dos atos insuscetíveis de aproveitamento;

XX – a falta de manifestação imediata e motivada do licitante importará a decadência do direito de recurso e a adjudicação do objeto da licitação pelo pregoeiro ao vencedor;

XXI – decididos os recursos, a autoridade competente fará a adjudicação do objeto da licitação ao licitante vencedor;

XXII – homologada a licitação pela autoridade competente, o adjudicatário será convocado para assinar o contrato no prazo definido em edital; e

XXIII – se o licitante vencedor, convocado dentro do prazo de validade da sua proposta, não celebrar o contrato, aplicar-se-á o disposto no inciso XVI.

Art. 5º É vedada a exigência de:

I – garantia de proposta;

II – aquisição do edital pelos licitantes, como condição para participação no certame; e

III – pagamento de taxas e emolumentos, salvo os referentes a fornecimento do edital, que não serão superiores ao custo de sua reprodução gráfica, e aos custos de utilização de recursos de tecnologia da informação, quando for o caso.

Art. 6º O prazo de validade das propostas será de 60 (sessenta) dias, se outro não estiver fixado no edital.

Art. 7º Quem, convocado dentro do prazo de validade da sua proposta, não celebrar o contrato, deixar de entregar ou apresentar documentação falsa exigida para o certame, ensejar o retardamento da execução de seu objeto, não mantiver a proposta, falhar ou fraudar na execução do contrato, comportar-se de modo inidôneo ou cometer fraude fiscal, ficará impedido de licitar e contratar com a União, Estados, Distrito Federal ou Municípios e, será descredenciado no Sicaf, ou nos sistemas de cadastramento de fornecedores a que se refere o inciso XIV do art. 4o desta Lei, pelo prazo de até 5 (cinco) anos, sem prejuízo das multas previstas em edital e no contrato e das demais cominações legais.

Art. 8º Os atos essenciais do pregão, inclusive os decorrentes de meios eletrônicos, serão documentados no processo respectivo, com vistas à aferição de sua regularidade pelos agentes de controle, nos termos do regulamento previsto no art. 2º.

Art. 9º Aplicam-se subsidiariamente, para a modalidade de pregão, as normas da Lei nº 8.666, de 21 de junho de 1993.

Art. 10. Ficam convalidados os atos praticados com base na Medida Provisória nº 2.182-18, de 23 de agosto de 2001.

Art. 11. As compras e contratações de bens e serviços comuns, no âmbito da União, dos Estados, do Distrito Federal e dos Municípios, quando efetuadas pelo sistema de registro de preços previsto no art. 15 da Lei nº 8.666, de 21 de junho de 1993, poderão adotar a modalidade de pregão, conforme regulamento específico.

Art. 12. A Lei nº 10.191, de 14 de fevereiro de 2001, passa a vigorar acrescida do seguinte artigo:

> "Art. 2-A. A União, os Estados, o Distrito Federal e os Municípios poderão adotar, nas licitações de registro de preços destinadas à aquisição de bens e serviços comuns da área da saúde a modalidade do pregão, inclusive por meio eletrônico, observando-se o seguinte:
>
> I – são considerados bens e serviços comuns da área da saúde, aqueles necessários ao atendimento dos órgãos que integram o Sistema Único de Saúde, cujos padrões de desempenho e qualidade possam ser objetivamente definidos no edital, por meio de especificações usuais do mercado.
>
> II – quando o quantitativo total estimado para a contratação ou fornecimento não puder ser atendido pelo licitante vencedor, admitir-se-á a convocação de tantos licitantes quantos forem necessários para o atingimento da totalidade do quantitativo, respeitada a ordem de classificação, desde que os referidos licitantes aceitem praticar o mesmo preço da proposta vencedora.

III – na impossibilidade do atendimento ao disposto no inciso II, excepcionalmente, poderão ser registrados outros preços diferentes da proposta vencedora, desde que se trate de objetos de qualidade ou desempenho superior, devidamente justificada e comprovada a vantagem, e que as ofertas sejam em valor inferior ao limite máximo admitido".

Art. 13. Esta Lei entra em vigor na data de sua publicação.

Brasília, 17 de julho de 2002; 181º da Independência e 114º da República.

FERNANDO HENRIQUE CARDOSO
Pedro Malan
Guilherme Gomes Dias

Esta obra foi composta em fonte Palatino Linotype, corpo 10
e impressa em papel Offset 75g (miolo) e Supremo 250g (capa)
pela Gráfica e Editora O Lutador, em Belo Horizonte/MG.